駒澤大学陸上競技部のスポーツ応援レシピ

駅伝ごはん

著

大八木京子

駒澤大学陸上競技部寮母・栄養士

ベースボール・マガジン社

はじめに

毎日食事を作り続けられるのは、
「より速く、より強くなりたい」と、
がんばっている選手が寮に戻ってくるから。

駒澤大学陸上競技部は、大学三大駅伝での優勝を目標に、日本
のトップランナーを目指す学生が全国から集まっています。
私は陸上部員が生活している「道環寮」で、1995年から寮母と
して食事作りに携わってきました。約50人の選手の食事の支
度や献立作成をしています。夫（大八木弘明）がコーチに就任
したことがきっかけで寮母になったので、この仕事をスタート
したときは、家族の料理しか作ったことがありませんでした。

その後、スポーツ選手に必要な栄養を学ぶため、寮母の仕事を
しながら専門学校に通い、2009年に栄養士の資格を取得しました。

ですから、私の作る寮ごはんは、家庭料理をベースに、成長期
の学生や長距離選手にとって必要な栄養の要素を少しずつプラ
スしながらできあがった料理です。
50人分の食事を提供するにはたくさんの時間、たくさんの食
材が必要です。
すべて手作りしてあげたくても、とても時間が足りません。市
販品も活用しながら栄養が整う献立作りを心がけています。

成績がよい時期もありますが、思ったような結果につながらず、心が折れそうになる日もあります。それでも毎日の食事を作り続けられるのは、「より速く、より強くなりたい」と、日々がんばっている選手たちが、寮に戻ってくるからです。

スポーツをする子どもがいる保護者のかたも、同じ気持ちではないでしょうか。

寮食の経験をベースに、長距離選手のための食事作りのノウハウを一冊にまとめました。同じ料理でも家庭と寮では、作り方や味つけの方法が異なります。そこでフードコーディネーター協力のもと家庭で作りやすくアレンジ。私がふだん家庭で作っている料理も盛り込み、スポーツ選手の食事をより身近に感じていただけるよう工夫いたしました。

スポーツ選手としてがんばる学生と保護者のかたの参考になればうれしいです。

駒澤大学陸上競技部
寮母・栄養士

大八木京子

「駅伝ごはん」とは?

もっと速く、もっと強く、もっと大きく、もっと元気に——
そんな願いを栄養たっぷりの食事でサポートするために、
無理なく毎日続けられるレシピと工夫を紹介します。

体を育み、日々のパフォーマンスを支える栄養は、食べることで得られる。だからこそ、栄養バランスのいい食事をしたい。でも毎日続けるのは難しい——。
その願いと悩みは、陸上部員たちの食事を毎日提供している私自身も同じでした。50人の陸上長距離選手のために、試行錯誤しながら料理を作り、少しずつですが、メニューのレパートリーも増えて、コツを身につけてきました。

本書では「栄養たっぷり、手間なく時短で、おいしくてほっとできる」をテーマに、選手たちが毎日食べている食事を、栄養ポイントに沿ってご紹介します。
スポーツにとり組んでいる子どもたちや学生はもちろんのこと、勉強に集中するために体力をつけたい受験生や、体のパフォーマンスを向上させたい一般ランナーにもおすすめです。
また、無駄な脂肪をつけずに筋力をアップさせたい陸上長距離選手のために、脂質を抑えながら、ビタミンやミネラルを補う食事作りを心がけているので、体重が気になるかたや、筋力の衰えが気になる中高年の皆さんにも役立ちます。

体づくりについて、どんな目標や悩みがありますか? 強化したい部分や克服したい弱点など、気になったページから開いてみてください。

「駅伝ごはん」ガイド

1
・スタミナ不足
・疲れがとれない
・筋肉をつけたい

↓

PART 1 CHAPTER 1 ── P.14
リカバリー・
持久力アップをねらう

3
・記録が落ちる
・やる気が出ない
・食欲不振

↓

PART 1 CHAPTER 3 ── P.34
貧血を予防する

5
・食事の準備が大変！
・料理が苦手

↓

PART 2 ── P.59
手間を省いて
栄養アップ

気になることや悩みからチェック!!

2
・しなやかな脚をつくる
・高強度の練習に耐える
・ケガを予防

↓

PART 1 CHAPTER 2 ── P.24
骨を強化する

4
・季節の変化に強くなる
・胃腸をいたわる
・風邪から早く回復する

↓

PART 1 CHAPTER 4 ── P.44
ストレスに打ち勝つ

6
・大切な試合の前日、
当日の食事が知りたい

↓

PART 3 ── P.79
試合に向けた
食と練習

選手たちの食事術

主力選手5人に、ふだんの食事で気をつけている点を聞きました。
食事の際のちょっとした心がけがハイパフォーマンスに
つながっているのかもしれません。

ヨーグルトと
チーズを
プラスで

田澤 廉
たざわ・れん

好きな寮ごはん
肉のおかず

2000年11月11日、
青森県生まれ
青森山田高(青森)出身
〈自己ベスト〉
5000m 13分29秒91
10000m 27分39秒21

寮食のない日でも栄養バランスに気をつける

寮食のない土曜日の朝や平日の昼でも、しっかりとした栄養がとれるよう、自分なりにバランスを考え、選んで食べるようにしています。また、1年目から、ヨーグルトとチーズを寮ごはんにプラスして食べることを意識しています。飲み物は、果汁100％のオレンジジュースやアップルジュースなどを食事と一緒にとるように心がけています。

←学生の枠を超え、今や日本トップ級の実力をもつ。駅伝でもエース区間を担う

昼は丼物で
ごはんを
しっかり

鈴木芽吹
すずき・めぶき

好きな寮ごはん
カレー

2001年6月3日、
静岡県生まれ
佐久長聖高(長野)出身
〈自己ベスト〉
5000m 13分27秒83
10000m 27分41秒68

人よりも時間をかけてゆっくりと食べる

僕は内臓が強くないので、練習後の夕食では完食するために、人よりも時間をかけて、ゆっくりと食べることを心がけています。食欲がない状態でも、しっかりと食べて、必要な栄養素やエネルギーをとるようにしています。
また、昼食は適当に済ませるのではなく、なるべく牛丼などでごはんを食べて、午後練習に備えています。

←ルーキーイヤーから主力として活躍してきたが、
　2年目はさらに成長を見せている

内臓疲労を
できるだけ
なくしたい

佃 康平
つくだ・こうへい

| | 1999年7月16日、
千葉県生まれ
市立船橋高（千葉）出身
〈自己ベスト〉 |
好きな寮ごはん
サケのおかず

| 5000m 13分59秒51 |
| 10000m 29分15秒94 |

スープなどで胃を温めてから食べる

食事の際には、最初に温かいスープなどで胃を温めてから食べることを心がけています。こうすることで消化を良くして、内臓疲労をなるべくなくすようにしています。

←初めての箱根駅伝では果敢に先頭を追って、逆転優勝に貢献。
　いぶし銀の走りが光る

自分でも
栄養バランス
を考える

山野 力
やまの・ちから

| | 2000年5月22日、
山口県生まれ
宇部鴻城高（山口）出身
〈自己ベスト〉 |
好きな寮ごはん
豚汁

| 5000m 13分54秒17 |
| 10000m 28分32秒71 |

栄養バランスがとれている寮食は残さずに

ふだん心がけていることは、バランスを意識して食事をすることです。寮食では "奥さん" が栄養を考えてくださっているので、残さず食べきるようにしています。土・日などの自由な食事のときは、栄養が偏らないように考えて、何を食べるかを決めます。

←"ロードの駒大" の系譜を継ぐ選手。上級生になり、
　さらなる躍進に期待がかかる

苦手なものも
時間をかけて
食べます！

篠原倖太朗
しのはら・こうたろう

| | 2002年9月3日、
千葉県生まれ
富里高（千葉）出身
〈自己ベスト〉 |
好きな寮ごはん
カレー、コーンごはん

| 5000m 13分48秒57 |

きつい練習のあとでもしっかりと食べる

食事の栄養バランスは、"奥さん" が考えて作ってくれているので、残さずしっかりと食べることを意識しています。特にポイント練習（高強度の練習）のあとなど食事がのどを通りにくかったり、苦手なものが出たりしても、ゆっくり時間をかけて食べています。

←もともと1500mで実績があるが、駒澤大に入学し一気にブレイク。
　ルーキーイヤーの日本インカレで5000m2位と活躍した

※自己ベストは2021年10月5日現在

この本の活用ポイント

料理の組み合わせ方や状況に応じた選び方など、本書で紹介した料理を、
効果的にパフォーマンスアップにつなげるためのコツをまとめました。

1 目指せ！定食スタイル

お好みの主菜、副菜を組み合わせて

本書で紹介する主菜（主に肉・魚などたんぱく質の
おかず）1〜2品、副菜（主に野菜のおかず）2〜3品
に、主食のごはんを組み合わせると、1食1300kcal
前後になります。牛乳や果物も組み合わせて、1日3食、
定食スタイルの食事を目指しましょう。

1日に必要なエネルギー摂取量の目安 （陸上長距離選手の場合）
男子3300 〜 4300kcal
女子2200 〜 3400kcal

2 ごはんをしっかり食べよう

多く食べられないときは糖質プラスのアイデアで

長時間体を動かす持久力系のスポーツは、エネルギー
源の糖質を多めにとることが大切です。駒澤大の選
手が食べているごはんの量は普通盛りで250g。体
重の変化や練習内容によって、自分で茶碗によそう
量を調整しています。

練習の疲れから、ごはんが多く食べられないという
選手もいるので、寮では副菜で糖質を補う工夫をし
ています。本書では、そのような糖質プラスのアイ
デア料理を紹介しているので、参考にしてください。

選手が食べている1食あたりのごはんの量とエネルギー

150g・252kcal
小盛り

250g・420kcal
普通盛り

350g・588kcal
大盛り

コンビニのおにぎりは1個約100gです。量の目安にしてください。

3 食事をとるタイミングも大切

補食も上手に活用してエネルギー補給を

練習の疲労をできるだけ早く回復させ、消耗した筋肉を再生して体づくりをすすめるためには、運動後30分以内に食事をとるのが理想的です。けれど、駒澤大のように食事をとる寮と練習場所がすぐ近くならば可能ですが、実際にはなかなか難しいもの。夕食までの時間があく場合は、糖質とたんぱく質がとれる食品で補食をとりましょう（P78参照）。

駒澤大の練習と食事の時間

5:15〈起床〉	→ 各自バナナやゼリー飲料を補給
5:50〜7:10	→ 朝練習
7:30〜〈朝食〉	→ 糖質・たんぱく質中心の和定食
	★献立例はP33参照
12:00〜〈昼食〉	→ 各自で食べる
15:30〜18:00	→ 午後練習
18:30〜〈夕食〉	→ ★本書では夕食の料理例を紹介

4 たんぱく質をたっぷりとる

多様なたんぱく質の食品をおかずに散りばめて

特に疲労回復には糖質、筋肉づくりにはたんぱく質の摂取がカギになります。寮では肉、魚の主菜以外に、大豆製品、魚肉ソーセージ、カニ風味かまぼこなど、さまざまなたんぱく質食品をいろいろなお皿に散りばめています。素材や調理法の組み合わせで適度に脂質を抑え、たんぱく質やミネラルをたっぷりとるための工夫です。このような料理を本書でも紹介しているので、参考にしてください。

5 胃腸に負担をかけない工夫を

材料をやや小さめに切って、やわらかく

運動後の食事は、胃腸にできるだけ負担をかけないようにするのがポイントです。肉や野菜はやや小さめに切り、やわらかく煮るように工夫しています。P16から紹介する料理を参考にしてください。選手には消化吸収をよくするため、ゆっくりよく噛んで食べるように伝えています。

6 毎日のおかず作りをラクに

便利な市販品は買い置きしておこう

冷凍食品や缶詰、乾物、総菜など、エネルギーやたんぱく質、ミネラルの補給源になる便利な食品リストはP60をチェック。買い置きしておくと、おかずの品数を増やすことが、ぐっとラクになります。料理例をたくさん紹介したので食事作りのヒントにしてください。

CONTENTS

PART 1　走り抜く強い体づくり

CHAPTER 1
リカバリー・持久力アップをねらう

CHAPTER 2
骨を強化する

CHAPTER 3
貧血を予防する

CHAPTER 4
ストレスに打ち勝つ

PART 2　手間を省いて栄養アップ

PART 3　試合に向けた食と練習

komadays Column

料理を作る前に

◎レシピの分量は基本的に正味重量（下処理をしたあとの重さ）で示しています。

◎本書で使用した計量カップは1カップ＝200ml、大さじ1＝15ml、小さじ1＝5mlです。

◎電子レンジは600Wのものを使用しました。500Wの場合は約1.2倍、700Wの場合は約0.8倍を目安に、お使いの機種に合わせて加減してください。

◎だしやスープには顆粒だしの素を使用しています。目安の分量を記載していますが、商品の表示を参考に薄めてご使用ください。

分量と栄養成分のこと

◎レシピは基本的に4人分を作るときの材料と作り方を示しています。少人数の家庭では、まとめて調理して、作り置きおかずにすることをおすすめします。MEMOで紹介したアレンジのヒントも参考にしてください。分量を減らしたい場合は、半量を目安に作り、味見をして調味料を調整しましょう。

◎各レシピの料理のエネルギーや栄養素量は1人分です。『日本食品標準成分表2015年版（七訂）』（文部科学省）に基づいて算出した値です。記載のない食品は、それに近い食品の数値で算出しました。

◎1日にとりたいカルシウム・鉄についての記載は、「日本人の食事摂取基準（2020年版）」（厚生労働省）の推奨量を基準としました。カルシウムは18〜29歳の男性800mg、女性650mg、鉄は男性7.5mg、女性（月経あり）10.5mgです（いずれも1日）。

PART 1

走り抜く
強い体づくり

長距離陸上選手に必要な4つの栄養ポイント
《リカバリー・持久力アップをねらう》《骨を強化する》
《貧血を予防する》《ストレスに打ち勝つ》を
押さえた料理を紹介します。
コツコツ食べてコンディション維持に役立ててください。

CHAPTER 1

リカバリー・持久力アップをねらう

長距離選手は、疲労をできるだけ早く回復させ、
次のエネルギーを生み出しておく必要があります。
そういう意味でリカバリーと持久力はセットです。
筋肉や脳のエネルギー源になるのが、
ごはん、めん、芋類に含まれる糖質です。
さらにエネルギーを作るのを助けるのが、肉、卵、大豆加工品など
たんぱく質食品に含まれるビタミンB群です。

リカバリー・持久力アップに役立つ主な食材

糖質	たんぱく質	ビタミンB群
・めん類 ・じゃが芋 ・長芋	・豚肉 ・サケ ・シーフード 　ミックス ・豆腐	・豚肉 ・鶏肉 ・サケ ・明太子 ・豆腐 ・にんじん ・アスパラガス

※P16〜22の料理で使用したもの

食べないことには
スタミナはつかない

Oyagi Hiroaki

献立 1　たんぱく質充実で筋肉のダメージを回復

主食 イワシ缶とひじきの炊き込みごはん

主菜 厚揚げ入りホイコーロー

副菜 アサリとにんじんの煮物
紫キャベツとレタスのサラダ・ポテトサラダ・春巻き
ソーセージ入りかきたま汁

果物 オレンジ

P.31

P.17

この日の陸上部　[ロード期・2月]　1000m×8本+400m

2月は、3月のハーフマラソンやマラソンに向けた鍛錬期なので、30km走などスタミナを養成する練習メニューが多くなります。一方で、1000mのインターバルなどスピード練習にもとり組みますが、スピードを養成するというよりも、培ってきたスピードを落とさないようにしつつ、心肺機能を強化することが目的です。練習の最後には400mで刺激を入れます。

献立のポイント

複数のたんぱく質源を散りばめ、食事量が落ちても栄養が確保できるように工夫しています。煮物のにんじんやサラダの紫キャベツで彩りよく。

献立 2　糖質多めの副菜でエネルギーチャージ!

主食 玄米入りごはん

主菜 サケのソテー きのこおろしソース

副菜 大根とさつま揚げ、餅きんちゃくのおでん
鶏むね肉入り中華風サラダ・ゆで卵
ベーコンとかぶ、春雨入りかきたま汁

果物 グレープフルーツ

P.16

P.65

この日の陸上部　[駅伝期・10月]　5000m記録会・1万m記録会の前日

10月からは駅伝シーズンに入ります。夏はスタミナづくりにとり組んできたので、スピード的な要素を加えながら、レース仕様に仕上げていきます。10月の出雲駅伝が終わると、主力選手は1万mの記録会に出場し、調子を確認しつつ、11月の全日本大学駅伝に向けて合わせていきます。スピードのある下級生は、5000mで記録をねらわせて自信をつけさせます。

献立のポイント

レース前は、脂質を抑えた献立にします。煮物やソテーのソースに大根を使って消化もスムーズに。餅きんちゃくで糖質をプラスします。

サケのソテー きのこおろしソース

大根おろし+ぽん酢しょうゆで
魚のソテーに合う簡単ソースを作ります。

サケはたんぱく質や
カルシウムの吸収を
助けるビタミンDが豊富

材料　4人分

生ザケ	4切れ（1切れ120g）
しめじ（ほぐす）	小1パック
大根おろし（軽く水けを絞る）	大さじ6
塩・こしょう	各適量
サラダ油	大さじ1
ぽん酢しょうゆ	大さじ2
好みの野菜	適宜

作り方

1　サケは塩・こしょうをして、油を熱したフライパンで火が通るまで両面焼いてとり出す。

2　フライパンに残った油を軽くふきとり、しめじを炒め、しんなりしたら大根おろし、ぽん酢を加えて少し煮詰めてソースを作る。

3　器に**1**を盛り、**2**のソースをかけ、好みの野菜を添える。

DATA

栄養価（1人分）

エネルギー 285kcal
たんぱく質 24.6g
脂質 18.5g
カルシウム 22mg
鉄 0.6mg

MEMO　焼いたサケを食べやすい大きさに切り、きのこおろしソースとあえて保存袋に入れておくと、作り置きおかずに。

厚揚げ入りホイコーロー

こっくり甘みそ味でごはんが進みます。
辛めが好みのかたは、豆板醤を加えても。

豚肉のビタミンB₁、
野菜のビタミンCや
β－カロテンがとれる

PART 1 走り抜く強い体づくり

写真は全量

材料　4人分

豚もも薄切り肉(またはロース)	300g
厚揚げ	1枚
キャベツ	350g
にんじん	1/2本
にんにく・しょうが(みじん切り)	各1かけ
ごま油	大さじ1

A (混ぜる)

調味料入り八丁みそ	大さじ3
みりん	大さじ2
酒	大さじ1
しょうゆ	大さじ1/2
砂糖	大さじ1/2

作り方

1 キャベツはひと口大のざく切り、にんじんは5mm厚さの短冊切り、厚揚げは縦半分に切って1cm厚さに切り、豚肉は5～6cm幅に切る。

2 フライパンにごま油を熱し、にんにく、しょうがを弱火で炒め、香りが出てきたら豚肉、厚揚げを加えて肉に火が通るまで炒める。

3 キャベツとにんじんを加えて炒め合わせ、しんなりとなったらAを加えてよく混ぜ合わせ、火を止める。

DATA

栄養価(1人分)
エネルギー 301kcal
たんぱく質 25.3g
脂質 14.7g
炭水化物 14.1g
カルシウム 186mg
鉄 3.1mg

MEMO　炒め用カット野菜を使うと調理時間を短縮できます。

ひじき入り鶏じゃが

選手に人気の肉じゃがを高たんぱく・低脂肪の鶏むね肉で。
鶏むね肉のイミダゾールジペプチドには、疲労回復効果があります。

ひじきを加えて
カルシウムアップ!

材料　4人分

鶏むね肉	350g
じゃが芋	4個(540g)
にんじん	1本
玉ねぎ	大1個
さやいんげん	3本
乾燥ひじき	10g
サラダ油	大さじ1
A　水	500ml
顆粒和風だし	大さじ1/2
砂糖	大さじ2
みりん	大さじ2
酒	大さじ1
しょうゆ	大さじ3

作り方

1 ひじきは水でもどす。鶏肉はひと口大のそぎ切り、じゃが芋とにんじんは皮をむいてひと口大に、玉ねぎはくし形に切る。

2 さやいんげんは塩少々(分量外)を加えた熱湯でゆで、2cm長さに切る。

3 鍋に油を熱し鶏肉を炒め、色が変わったら1の野菜を加えて炒め合わせる。油がなじんだらAを加える。沸騰したらアクを除き、ひじきを加えてしょうゆを加える。ふたをして弱火で10〜12分煮る。器に盛り、2を散らす。

DATA

栄養価(1人分)

エネルギー 308kcal
たんぱく質 22.6g
脂質 8.5g
炭水化物 35g
カルシウム 55mg
鉄 1.3mg

MEMO 下ゆで野菜(P61参照)を使ったり、調味料を減らして、総菜のひじき煮を加えると時短できます。

アスパラガスとじゃが芋の明太マヨサラダ

選手の好きな明太子にヨーグルトとレモン汁を合わせて
さっぱりしたドレッシングにしました。

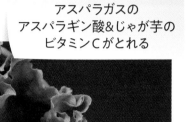

アスパラガスの
アスパラギン酸&じゃが芋の
ビタミンCがとれる

写真は全量

材料　3〜4人分

じゃが芋	3個
グリーンアスパラガス	3〜4本
A　ほぐし明太子	大さじ3〜
マヨネーズ	大さじ2
プレーンヨーグルト	大さじ1と1/2
レモン汁	小さじ1
塩・こしょう	各少々

作り方

1　じゃが芋は皮をむいて1.5cm角に、アスパラガスは3cmの斜め切りにする。

2　鍋に水とじゃが芋を入れて中火で10〜12分ゆで、じゃが芋がある程度やわらかくなったら、アスパラガスを加えて2分ゆで、ザルにあげる。

3　**2**が冷めたらAをからめ、塩・こしょうで味をととのえる。

DATA

栄養価(1人分)
エネルギー 175kcal
たんぱく質 6.3g
脂質 8g
炭水化物 19.9g
カルシウム 22mg
鉄 0.7mg
※栄養価は1/3量で算出

MEMO　じゃが芋をつぶして、照り焼きチキンと一緒にパンにはさんで食べるのもおすすめです。

19

鶏むね肉と魚介のあんかけ焼そば

具だくさんでボリューミーなあんかけ。
パリッパリの揚げめんにかけるのが手軽です。

材料　4人分

揚げめん	4玉
鶏むね肉	150g
冷凍シーフードミックス	150g
白菜	500g(1/6株)
にんじん	1/3本
きぬさや	16枚
かまぼこ	1/2本
乾燥きくらげ	4g(4枚)
ヤングコーン(水煮)	6〜7本
うずらの卵(水煮)	8個
サラダ油	大さじ1
A　水	500ml
顆粒鶏がらスープ	大さじ1
しょうゆ	大さじ1と1/2
オイスターソース	大さじ1と1/2
酒	大さじ1
砂糖	小さじ1
塩・こしょう	各適量
水どきかたくり粉	
（かたくり粉大さじ3＋水大さじ3）	

作り方

1　きくらげは水でもどし、石づきをとって食べやすい大きさに切る。鶏肉は食べやすい大きさのそぎ切りに、白菜はひと口大のざく切り、にんじんは短冊切り、かまぼこは薄く切る。

2　深めのフライパンに油を熱し、鶏肉、シーフードミックス、にんじん、きぬさや、きくらげ、白菜をかたいものから順に入れて炒める。かまぼこ、ヤングコーン、うずらの卵を加えてさらに炒める。

3　Aを加えて野菜がやわらかくなるまで煮て、塩、こしょうで味をととのえ、水どきかたくり粉でとろみをつける。

4　器に揚げめんを軽くほぐして盛り、3のあんをかける。

DATA

栄養価(1人分)
エネルギー 475kcal
たんぱく質 25.3g
脂質 18.3g
炭水化物 51.8g
カルシウム 200mg
鉄 2.2mg

MEMO　余ったあんは1食分ずつ冷凍保存を。あんを温め直し、中華丼にするのもおすすめ。

蒸しめんの場合
油を熱したフライパンに軽くほぐした蒸
しめんを入れて、フライ返しで押さえな
がら両面がカリッとするまで焼きます。
仕上げに酢少々を加えるとすっきり!

とろろやっこ

ハードな練習の後は、ネバネバ食材で胃腸をいたわります。
豆腐と長芋の相性と、なめたけのとろみも絶妙。

豆腐も筋肉や血を作る
良質なたんぱく源

材料　2人分

もめん豆腐	1丁
オクラ	3本
長芋	80g
なめたけ（市販品）	大さじ3〜4

作り方

1 オクラは塩少々（分量外）を加えた熱湯でゆで、小口切りにしてなめたけと混ぜ合わせる。

2 長芋はすりおろす。豆腐は縦半分に切ってから6等分に切る。

3 皿に豆腐をずらして盛り、長芋をかけて1をのせる。

DATA

栄養価（1人分）

エネルギー 162kcal

たんぱく質 11.6g

脂質 6.8g

炭水化物 13.2g

カルシウム 149mg

鉄 2.5mg

MEMO なめたけの味つけを生かすと調味料いらず。びん詰めをストックしておくと便利です。

道環寮の1日

選手たちが日常生活を送る道環寮は、東京・世田谷区の
住宅街のなかにあります。"道環"とは禅の言葉で
「道は丸い輪のように切れ目なく続き、また元に戻る」という意味。
門限などの寮の規則はありますが、選手たちにとってはくつろぎの場所です。
道環寮の1日は、早朝5時から始まります。

1日のスケジュール

5:15	起床
5:50	
｜	朝練習
7:10	
7:30	
｜	朝食
8:15	
9:00	
｜	授業
12:00	
｜	昼食
13:00	
｜	授業
14:30	
15:30	
｜	練習
18:00	
18:30	
｜	夕食
19:30	
｜	自由時間 （治療・風呂など）
22:00	就寝

※撮影時のみマスクをはずしています。

左上／寮の周辺の掃除も忘れず。日頃から応援してくださる地域の方々にも感謝　右上／練習後に気持ちよくお風呂に入れるのも毎日の掃除のおかげ　右下／玄関は「家の顔」。毎日きれいにしています

コロナ禍の授業はリモートが中心。週に数回は対面授業も

練習の後や食事の後には「ボディメンテ」でコンディションづくりを心がけている

夕食はリラックスタイム。練習のビデオなどを見ながら食事をすることも

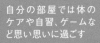

自分の部屋では体のケアや自習、ゲームなど思い思いに過ごす

23

CHAPTER 2

骨を強化する

スポーツをする人は骨密度を高め、骨量を増やし、
骨を丈夫にしておく必要があります。
特に、成長期の選手たちは骨を丈夫にする食事が大事です。
骨の材料になるカルシウム、骨の形成に欠かせないビタミンK、
カルシウムの吸収を高めるビタミンDを十分にとる必要があります。
骨を動かす筋肉を丈夫にするため、たんぱく質も欠かせません。

骨づくりに役立つ主な食材

たんぱく質＆カルシウム	カルシウム	たんぱく質＆ビタミンD
・イワシ缶 ・厚揚げ ・牛乳 ・チーズ	・小松菜 ・ひじき	・サケ水煮缶 ・イワシ缶

ビタミンD	ビタミンK	
・しいたけ ・きくらげ	・ブロッコリー ・ひじき	

※ P26 ～ 32の料理で使用したもの

高強度のレースや
練習に耐えられる
脚をつくるんだ

Oyagi Hiroaki

献立 1　カルシウム豊富なおかずでケガ予防

主食 玄米入りごはん

主菜 鶏手羽先とにんじん、切り昆布の煮物

副菜 厚揚げとミートソースのラザニア風
笹かまときゅうり、もずくの酢の物
サケ缶と小松菜のミルクスープ

果物 キウイフルーツ

この日の陸上部 ［駅伝期・9月］
1万2000mペース走＋400m×2本

9月中旬まではロードで走り込みますが、10月の出雲駅伝やトラックの記録会に向けて、9月後半から切り替えていきます。トラックで少し速めのペースでペース走を行うことで、実戦に向けてペース感覚を磨きます。トラック期の4月、5月に行うペース走は速いペースで追い込みますが、この時期は少しペースに余裕を持つことを心がけます。

献立のポイント

カルシウムが豊富で吸収率も高い牛乳でスープを作ります。骨の強化にもってこいの厚揚げも欠かせません。海そう多めでミネラル豊かに。

献立 2　コツコツ栄養を積み上げて骨を丈夫に

主食 玄米入りごはん

主菜 鶏むね肉と野菜のチーズ焼き

副菜 ひじきの煮物の白あえ
魚肉ソーセージ、レタス、トマト、紫キャベツのサラダ
桜エビとワカメ、小松菜のスープ

果物 レンジで簡単りんごのコンポート

この日の陸上部 ［ロード期・3月］
ハーフマラソンの日

3月上旬に日本学生ハーフマラソン選手権大会があります。2年に一度のワールドユニバーシティゲームズの代表選考レースでもあり、日本代表をねらえる選手にとっては、箱根駅伝後の大きな目標になります。中堅の選手にとっても、例年、力を試す場になっています。また、1月、2月と走り込んで、学生のうちにマラソンに挑戦する選手もいます。

献立のポイント

骨を鍛える栄養をまんべんなくとり入れた献立です。常備している乾物の桜エビ、ひじき、ワカメをちょい足しすることで手軽に栄養強化します。

鶏むね肉と野菜のチーズ焼き

鶏むね肉は、塩でしっかり下味をつけ
香ばしく焼くと食べやすくなります。メカジキでもお試しを。

チーズのカルシウムと
しいたけのビタミンDで
骨力アップ

写真は全量

材料　4人分

鶏むね肉	400g
ブロッコリー	200g(2/3株)
グリーンアスパラガス	5～6本
生しいたけ	4個
ミニトマト(へたを除く)	8個
ピザ用チーズ	150g
サラダ油	大さじ1
塩・こしょう	各適量

作り方

1. ブロッコリーは小房に分け、アスパラガスは5～6cm長さに切って、かために塩少々（分量外）を加えた熱湯でゆでる。しいたけは石づきを落として半分に切る。

2. 鶏肉は多めに塩・こしょうをふり、油を熱したフライパンで焼く。焼き色がついたら裏返し、ふたをして火を通す。あら熱をとり、3cm角に切る。

3. 耐熱皿に1、2、ミニトマトを広げてのせ、塩少々をふり、チーズをかけて200℃に予熱したオーブンで15～20分焼く。

DATA

栄養価(1人分)
エネルギー 333kcal
たんぱく質 33.7g
脂質 19.1g
炭水化物 7g
カルシウム 272mg
鉄 1.3mg

MEMO　鶏むね肉をサラダチキンや魚肉ソーセージにかえてもOK。フライパンで焼く手間が省けます。

厚揚げとミートソースのラザニア風

和の食材の厚揚げを洋風にアレンジ。
市販のミートソースを活用して重ね焼きにします。

1日にとりたいカルシウムの
1/2量がとれる!

写真は全量

材料　作りやすい分量

厚揚げ	大1枚(300g)
ミートソース缶(市販品)	1缶
ピザ用チーズ	100g〜

作り方

1　厚揚げは縦半分に切り、厚みを半分にしてさらに3〜4等分にする。

2　耐熱皿に**1**の厚揚げ、ミートソース、チーズを交互に重ね、一番上をチーズにする。

3　200℃に予熱したオーブンで13〜14分、こんがり焼き色がつくまで焼く。

DATA

栄養価(1人分)
エネルギー 340kcal
たんぱく質 21.1g
脂質 23.8g
炭水化物 9.1g
カルシウム 463mg
鉄 3.3mg
※栄養価は1/3量で算出

MEMO　少量作る場合は、1人分のレトルトミートソースをストックしておくと便利。

厚揚げと豚ひき肉、枝豆のカレー炒め

カレーと香味野菜の香りがたまらない。
ひと口大に切った厚揚げに肉のうま味がからみます。

材料　3〜4人分

厚揚げ	大1枚（約300g）
豚ひき肉	200g
冷凍むき枝豆	120g
にんにく（みじん切り）	1かけ
しょうが（みじん切り）	1かけ
サラダ油	小さじ2
カレー粉	小さじ1
顆粒鶏がらスープ	小さじ1
塩・黒こしょう	各少々

DATA

栄養価（1人分）

エネルギー 405kcal
たんぱく質 28.1g
脂質 28.6g
炭水化物 6.9g
カルシウム 280mg
鉄 4.5mg

※栄養価は1/3量で算出

作り方

1　厚揚げは2〜3cm角に切る。

2　フライパンに油、にんにく、しょうがを入れて弱火にかけ、香りが立ったら豚ひき肉を入れて中火で炒める。肉の色が変わったらカレー粉、鶏がらスープを加えて香りを出し、**1**の厚揚げ、枝豆を加えて炒め合わせる。

3　塩・黒こしょうで味をととのえる。

MEMO　冷凍のむき枝豆を使うと便利。ゆでたり、さやから出す手間なく料理に使えます。

1日にとりたいカルシウムの
1/3量がとれる!

写真は全量

鶏手羽先とにんじん、切り昆布の煮物

鶏手羽に昆布のうま味をじっくり移します。
煮詰めた煮汁をかけて色よく、つややかに。

昆布とにんじんの
カルシウムと鶏手羽先の
たんぱく質で強い脚を!

写真は2人分

材料　4人分

鶏手羽先	12本
にんじん	1本
切り昆布	200g
A 水	400ml
しょうゆ	大さじ3
酒	大さじ2
みりん	大さじ1と1/2
砂糖	大さじ1

作り方

1　手羽先は関節部分で先を切り落とし、にんじんはひと口大の乱切りにする。

2　切り昆布は食べやすい長さに切る。

3　鍋にAと1を入れ、火にかける。ひと煮立ちしたらアクを除き、切り昆布を加えてふたをして中火で15分ほど煮る。

4　器に盛り、煮汁を煮詰めてかける。

DATA

栄養価（1人分）

エネルギー 241kcal
たんぱく質 15.3g
脂質 12.3g
炭水化物 17g
カルシウム 185mg
鉄 2.2mg

MEMO 切り昆布は、生のまましょうがじょうゆと桜エビであえても。快腸に役立つ副菜です。

イワシ缶とひじきの炊き込みごはん

缶詰の煮汁もそのまま生かします。
ひじきはもどさず、乾燥したまま炊飯すればOK。

イワシの油に含まれる
DHAやEPAもとれる

材料　4人分

白米	3合
イワシ缶（しょうゆ煮）　2缶（200g・汁を含む）	
乾燥芽ひじき（生でも可）	12g
塩	小さじ1

作り方

1　米をあらい30分ほど水に浸す。

2　炊飯器に水をきった米を入れ、ひじき、塩、缶詰の汁を入れ、3合の目盛まで水を注ぐ。

3　軽く混ぜ合わせ、上にイワシをのせて普通に炊く。

4　炊き上がったらさっくりと混ぜながらイワシをほぐす。

DATA

栄養価（1人分）

エネルギー　519kcal
たんぱく質　15.1g
脂質　8.3g
炭水化物　92.9g
カルシウム　142mg
鉄　1.1mg

MEMO　刻んだ大葉と白ごまを混ぜておにぎりに。練習後の補食としておすすめです。

骨を強化する

サケ缶と小松菜のミルクスープ

仕上げに加える生クリームでまろやかに。
きくらげのプリプリ食感がアクセントです。

骨を強くする優秀食材を
スープでまとめて

材料　4人分

サケ水煮缶	1缶（180g・汁を含む）
小松菜	300g（1束弱）
乾燥きくらげ	10g（10枚）
牛乳	600ml
水	600ml
顆粒コンソメ	大さじ1
塩・こしょう	各少々
生クリーム	大さじ2

作り方

1　きくらげは水でもどし、石づきをとって食べやすい大きさに切る。

2　小松菜はざく切りにする。

3　鍋に水、コンソメ、サケ水煮缶（汁ごと）、きくらげを入れて火にかけ、サケをほぐしながら煮る。

4　小松菜と牛乳を加え、弱火で煮て、塩・こしょうで調味する。生クリームを加えて仕上げる。

DATA

栄養価（1人分）

エネルギー 210kcal
たんぱく質 15g
脂質 11.8g
炭水化物 12.4g
カルシウム 369mg
鉄 3.2mg

MEMO　早ゆでタイプのマカロニを加えて朝食にしてもよいでしょう。

寮の朝食

寮の朝食は朝練習を終えた7時30分から。スポーツ選手は一般の人よりも
エネルギー量と栄養素量が必要なので、朝食もしっかりと食べます。
糖質とたんぱく質を中心とした献立で、体と脳を目覚めさせて、
1日を元気にスタートさせます!

月 曜	火 曜	水 曜	木 曜	金 曜
主菜	**主菜**	**主菜**	**主菜**	**主菜**
納豆	納豆	豆腐ハンバーグ	納豆	納豆
チキンナゲット	炒り卵	温泉卵	オムレツ	厚焼き卵
副菜	ミートボール	**副菜**	**副菜**	シューマイ
ほうれん草と	**副菜**	ブロッコリーと	アスパラガスと	ほうれん草と
ベーコンのソテー	アスパラガスの	ウインナーソテー	ウインナーと	ウインナーソテー
マカロニサラダ	ソテー	ポテトサラダ	コーンのソテー	**副菜**
主食	ひじきの煮物	トマト	ちくわときゅうり、	きんぴらとアサリ
ごはん	**主食**	**主食**	ツナのあえ物	の煮物
汁物	ごはん	ごはん＋	**主食**	**主食**
みそ汁	**汁物**	のり佃煮	ごはん	ごはん
（豆腐・油揚げ）	みそ汁	**汁物**	**汁物**	**汁物**
その他	（大根・ワカメ）	みそ汁	みそ汁	みそ汁
牛乳または	**その他**	（豆腐・えのき）	（白菜・なめこ）	（豆腐・ワカメ）
乳飲料	果汁100%	**その他**	**その他**	**その他**
	ジュース	牛乳または	果汁100%	牛乳または
		乳飲料	ジュース	乳飲料

本書の料理で朝食セット

寮のようにたくさんの品数をそろえるのは大変というかたのために、本書で紹介した料理のなかから
朝食セットを考えてみました。鶏むね肉と野菜のチーズ焼きや豚汁は、前日にまとめて作り、朝食分
をとり分けておくと、朝食の支度がラクになります。

鶏むね肉と野菜の
チーズ焼き（P26）
ロールパン
牛乳

豚汁（P84を参照・うどんを入れない）
おにぎり
ヨーグルト

コンビーフとキャベツの
チーズトースト（P75）
ヨーグルト

CHAPTER 3

貧血を予防する

長距離選手は、汗と着地の衝撃などで鉄が失われ、
貧血になりやすいので注意。貧血でヘモグロビンが不足すると
酸欠になり、パフォーマンスが低下してしまうのです。
鉄は豊富に含まれる食品が限られ、とりにくい栄養素です。
毎日意識して、ヘモグロビンの材料となる鉄と、
鉄の吸収をよくするたんぱく質やビタミンC、赤血球をつくる際に必要な
葉酸（ビタミンの一種）をとりましょう。

貧血予防に役立つ主な食材

鉄＆ビタミンB12	鉄	葉酸
・豚、鶏レバー	・小松菜	・豚、鶏レバー
・牛肉	・サラダ菜	・ブロッコリー
・アサリ		・ケール
		・小松菜
		・サラダ菜
		・にら
		・もやし
		・キャベツ

ビタミンC	
・ブロッコリー	・ケール
・小松菜	・キャベツ

最後のひと踏ん張りに、
貧血対策は必須

Oyagi Hiroaki

※ P36〜43の料理で使用したもの

献立例──駒澤大のある日の夕食

献立 1 汗で失われる鉄とカルシウムをおいしく補給

- **主食** 玄米入りごはん
- **主菜** 豚レバーとマッシュルームのクリーム煮 —— P.43
- **副菜** アサリと小松菜の卵とじ —— P.62
  水ギョーザときくらげのスープ
- **果物** フルーツあんみつ風 —— P.76

P.36

この日の陸上部

［トラック期・5月］
400m×15本

トラック期のまっただ中。5月には関東インカレ、6月には日本選手権と大きな試合があります。記録をねらうために、勝負に勝つために、練習の質を上げます。週に1回は20㎞走などを行い、スタミナを維持しつつ、スピード感覚を磨き上げるために、400mのインターバルなどで強化していきます。暑くなってくるので体調管理にも一層注意します。

献立のポイント

やはり豚レバーは鉄の宝庫です。どうしてもレバーが苦手な選手もいるので、副菜にアサリと小松菜を使って鉄の吸収をきっちりカバーします。

献立 2 疲れたときにやさしい鉄おかず

- **主食** 白飯
- **主菜** ビーフストロガノフ —— P.40
- **副菜** 高野豆腐と桜エビの炒め煮 —— P.73
  ケールとりんご、くるみのサラダ
  クリームスープ
- **果物** オレンジ —— P.42

この日の陸上部

［トラック期・駅伝期7～8月］
1万6000mペース走＋400m×2本

夏合宿は、駅伝・ロード期に向けて走り込みます。やみくもに距離を稼ぐのではなく、ポイント練習をしっかりこなせたかどうかが、夏の強化では一番大事です。トラック期から駅伝期に移行するにあたって、10マイル（約1万6000m）くらいから、少しずつ距離を延ばしていきます。また、スピードを落とさないために400mで刺激を入れます。

献立のポイント

ごはんにかけて食べやすいビーフストロガノフは、食事量を無理なく増やせるお助けメニュー。サラダと果物でビタミンの摂取を心がけます。

豚レバーとマッシュルームのクリーム煮

コクのあるクリームソースをからめると、
豚レバーが食べやすくなります。

材料　4人分

豚レバー	320g
ブロッコリー	1/2株
マッシュルーム	1パック
にんにく（すりおろす）	1かけ
生クリーム	200ml
牛乳	200ml
塩・こしょう	各適量
かたくり粉	大さじ6
サラダ油	大さじ2

DATA

栄養価（1人分）
エネルギー 453kcal
たんぱく質 22.1g
脂質 31.9g
炭水化物 19.2g
カルシウム 95mg
鉄 10.9mg

作り方

1　豚レバーは5mm厚さの食べやすい大きさに切り、牛乳（分量外）に浸す。

2　ブロッコリーは小房に分けて塩少々を加えた熱湯でゆでる。マッシュルームは薄切りにする。

3　**1**のレバーを水で洗い、キッチンペーパーで水けをよくふく。塩・こしょうをふり、かたくり粉をまぶす（写真）。

4　フライパンに油を熱し、**3**のレバーとにんにくを入れる。レバーを両面焼いて火を通し、マッシュルームを加えて炒め合わせる。

5　牛乳と生クリームを加えてひと煮立ちしたら塩・こしょうで調味する。

6　器に盛り、**2**のブロッコリーを添える。

下処理をして塩・こしょうをふった豚レバーに、かたくり粉をまぶすと、クリームがからみ、とろみもつく

MEMO　冷凍野菜は野菜不足解消の強い味方。冷凍ほうれん草を解凍して添えてもいいですね！

レバーの鉄は、
ブロッコリーのビタミンCを
合わせると吸収率アップ

写真は2人分

貧血を予防する

鶏レバーとにらの焼きそば

焼き鳥のレバーを使って、手間なく鉄分補給！
すぐに火が通る野菜を合わせてスピードごはん。

> 鶏レバーの鉄は、
> にらのビタミンCと
> 一緒にとるのがおすすめ

材料　4人分

焼きそば（蒸しめん）	4玉
鶏レバー（焼き鳥串たれ味）	8本
もやし	400g
にら	80g
サラダ油	大さじ1と1/2
A｜オイスターソース	大さじ4
｜しょうゆ	大さじ1
｜酒	大さじ1
塩・こしょう	各少々

作り方

1　蒸しめんの袋ごと電子レンジ（600W）で2分加熱して軽くほぐす。

2　にらは3cm長さに切り、鶏レバーは串からはずし、食べやすく切る。

3　フライパンに油を熱し、もやしを炒め、油が回ったらめんを加えてほぐしながら炒める。

4　2を加えて炒め合わせ、Aで調味し、塩・こしょうで味をととのえる。

DATA

栄養価（1人分）
エネルギー 479kcal
たんぱく質 23.8g
脂質 9.5g
炭水化物 71g
カルシウム 47mg
鉄 6.8mg

MEMO　焼き鳥のレバー串は、野菜炒めに混ぜたりして栄養バランスを整えるように心がけています。

牛肉としめじのソテー サラダ菜巻き

やっぱりみんなが喜ぶのは肉！
サラダ菜で肉を包みながらいただきます。

写真は2人分

レタスよりも鉄が多い
サラダ菜で包み、
貧血予防&スタミナ強化

材料　4人分

牛こま切れ肉（赤身が多めのパック）	480g
しめじ	大1パック
サラダ菜	1玉
サラダ油	大さじ1
A｜オイスターソース	大さじ3
｜酒	大さじ1
塩・こしょう	各少々

作り方

1. しめじは小房に分ける。
2. フライパンに油を熱し、牛肉を入れて炒め、色が変わったら1のしめじを加えてさらに炒める。
3. Aで調味し、塩・こしょうで味をととのえる。
4. サラダ菜で肉を包みながら食べる。

DATA

栄養価（1人分）

エネルギー 233kcal
たんぱく質 26.4g
脂質 11.2g
炭水化物 4.7g
カルシウム 19mg
鉄 3.7mg

MEMO　ごはんも一緒に巻いて「葉っぱ巻きすし」のように食べてもいいですね！　コチュジャンやみそマヨネーズをつけても。

ビーフストロガノフ

カレーと並んで選手に人気!
早食いにならないように、ごはんと別皿に盛ることも。

材料　4人分

牛もも薄切り肉	400g
玉ねぎ	大1個
しめじ	大1パック
にんにく(みじん切り)	1かけ
サラダ油	大さじ1
赤ワイン	1/3カップ
A デミグラスソース缶	1缶(290g)
ケチャップ	大さじ3
中濃ソース	大さじ2
水	150ml
ローリエ	1枚
塩・こしょう	各少々
パセリ(みじん切り)	適量
温かいごはん	適量(1人250g)

DATA

栄養価(1人分)

エネルギー 710kcal
たんぱく質 31.8g
脂質 11.1g
炭水化物 113.2g
カルシウム 36mg
鉄 3.7mg

作り方

1　牛肉は食べやすい大きさに切り、玉ねぎは薄切りにし、しめじは小房に分ける。

2　鍋に油とにんにくを熱し、香りが立ったら玉ねぎを炒める。玉ねぎがしんなりしたらしめじ、牛肉を加えてさらに炒める。

3　赤ワインを加えて少しグツグツさせ、Aを加えて弱火にし、ときどき混ぜながら10分ほど煮て塩・こしょうで味をととのえる。

4　器に盛りパセリを散らし、ごはんにかけて食べる。

MEMO ビーフストロガノフが余ったら、ごはんにかけてピザ用チーズを散らしてトースターで温めてドリア風にして。

牛の赤身は、鉄を多く含み
貧血予防の強い味方

貧血を予防する

ケールとりんご、くるみのサラダ

効率よく栄養がとれるサラダケールは、
キャベツとりんごと混ぜて瑞々しく。

ケールに含まれる葉酸は
貧血予防に役立つ!

写真は全量

材料　3〜4人分

サラダケール	2〜3枚(50〜60g)
キャベツ	120g
りんご	1/4個
くるみ	大さじ3
フレンチドレッシング(市販品)	大さじ2〜3
レモン汁	小さじ1
粉チーズ	大さじ3
塩・こしょう	各少々

作り方

1　ケールは小さめにちぎり、キャベツはせん切りにし、りんごは皮つきのまま薄いいちょう切りにする。くるみは手で砕く。

2　ボウルに**1**を入れ、ドレッシング、レモン汁、粉チーズを加えて軽く混ぜ合わせ、塩・こしょうで味をととのえる。

DATA

栄養価(1人分)
エネルギー 171kcal
たんぱく質 5g
脂質 13.8g
炭水化物 8.7g
カルシウム 141mg
鉄 0.6mg
※栄養価は1/3量で算出

 MEMO　ケールはレタスに比べ、鉄やカルシウム、ビタミンを多く含みます。サラダケールは苦みもなく、ドレッシングがからみサラダにぴったり!

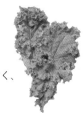

アサリと小松菜の卵とじ

アサリのうま味たっぷり。
卵とじにすると栄養を余すところなくとれます。

> アサリと小松菜は
> 鉄もカルシウムも充実

写真は半量

材料　3〜4人分

小松菜	150g(3〜4株)
冷凍アサリ (または缶詰)	120g
卵	2個
A｜水	150ml
顆粒和風だし	小さじ1/2
しょうゆ	大さじ1
酒	大さじ1
みりん	小さじ1
砂糖	小さじ1

作り方

1　小松菜はザク切りにし、茎と葉に分ける。

2　鍋にAを煮立て、アサリ、小松菜の茎、葉を順に入れて煮る。

3　小松菜がしんなりしたら溶きほぐした卵を回し入れ、ふたをして火を止め、好みのかたさにする。

DATA

栄養価(1人分)

エネルギー 126kcal
たんぱく質 13.8g
脂質 4.7g
炭水化物 4.6g
カルシウム 135mg
鉄 13.9mg

※栄養価は1/3量で算出

MEMO　そのまま使える冷凍アサリや缶詰は長距離選手の常備アイテムです。アサリ水煮缶の鉄は100gあたり30mgと豊富。

CHAPTER 4

ストレスに打ち勝つ

抵抗力をつけるには肉、魚、卵、豆腐で、たんぱく質、
ビタミンB₁、亜鉛を補給。野菜や果物は栄養価の高い旬のものを
中心にとり、コンディション維持に役立てます。芋類に含まれる
ビタミンC、緑黄色野菜や大豆製品に含まれるビタミンEも積極的に。
風邪を引いたり、胃腸を悪くした場合は、無理せず軽い食事をとり、
しっかり休養しましょう。

ストレス対策に役立つ主な食材

たんぱく質＆ビタミンE	たんぱく質＆ビタミンB群	たんぱく質
・ブリ ・サーモン	・豚肉 ・マグロ ・卵 ・牛乳	・鶏肉／サラダチキン ・エビ ・豆腐 ・はんぺん
ビタミンC	**ビタミンE**	**ビタミンB群**
・じゃが芋 ・かぼちゃ ・もやし ・白菜 ・りんご	・春菊 ・かぼちゃ	・サーモン ・ブリ

心が強い選手は、
我慢ができる

Oyagi Hiroaki

※P46〜57の料理で使用したもの

献立例──駒澤大のある日の夕食

献立 1　体を温めるたんぱく質をしっかり

主食兼主菜	速攻キムチビビンバ	P.50
副菜	高野豆腐のアサリにらあんかけ	P.72
	ゆで卵と魚肉ソーセージのパワーサラダ	P.66
	かぼちゃのポタージュ	P.51
果物	フルーツあんみつ風	P.76

この日の陸上部

[トラック期・4月]
3000m+2000m+1000m

4月はトラックシーズンに入ったばかりで、トラックでの実戦を意識した練習やスピード系のメニューが増えてきます。3月までの試合はハーフマラソンなど長い距離のロードレースが中心でしたが、5000mや1万mなどトラックレースを想定したレースペースで実施します。かなり高負荷の練習なのでリカバリーも大事です。

献立のポイント

ストレスが気になったら食欲を誘う香りのビビンバの出番です。いろいろなたんぱく質源を組み合わせ、色の濃い野菜でビタミン類も効率よく。

献立 EX　練習がハードな日は、具だくさんのめん料理も活躍

練習がハードな日は、食欲が減退し、白飯が進まない選手もいるので、主食と主菜を兼ねた具だくさんのめん料理にすることもあります。

鶏肉とトマトのサラダ風冷やしそうめん

[6月]

P.53

鶏むね肉と魚介のあんかけ焼そば

[11月]

P.20

この日の陸上部

[トラック期6月・駅伝期11月]
クロスカントリー走（快調走）+400m×2本

筋力を落とさないために、ふだんからクロスカントリー走をとり入れています。ジョグよりも少し速いペースで10マイルぐらいを走ります。6月はトラックのレース期でもあるので、疲労を抜きつつ、気持ちよく走ることを心がけます。11月は、箱根駅伝に向けた走り込みにもなるので、6月よりも多少ペースを上げて走ります。

ひらひら大根とブリの照り煮

ピーラーで薄切りにした大根は、
あっという間にくたくたに。

材料　4人分

ブリ	4切れ
大根	240g
サラダ油	大さじ1
A　しょうゆ	大さじ2
酒	大さじ2
みりん	大さじ1と1/2
砂糖	大さじ1
水	大さじ2
大根の葉(あれば・ゆでる)	適量

DATA

栄養価(1人分)

エネルギー 283kcal

たんぱく質 18.1g

脂質 17.1g

炭水化物 8.8g

カルシウム 21mg

鉄 1.3mg

作り方

1　大根は10cm長さに切り、ピーラーで薄切りにする。

2　フライパンに油を熱し、ブリを入れて両面こんがりと中火で焼いて火を通す。キッチンペーパーでフライパンを軽くふき、Aを入れて軽く煮詰め、ブリを器に盛る。

3　煮汁に水を加え、1の大根を加えてしんなりするまで煮る。

4　3をブリに添え、大根の葉を刻んで散らす。

大根はピーラーでリボン状に削ると、早く煮え、食感も楽しめる

MEMO　ブリのかわりにハマチやメカジキでも。肉なら鶏肉で作るのもおすすめです。

写真は2人分

ストレスに打ち勝つ　冬を乗り切る

肉豆腐

すき焼き風の甘めの味つけは、みんな大好きです。
消化のよい豆腐と豚肉でストレス対策。

春菊のβ-カロテンや
白菜のビタミンもとれる

写真は全量

材料　4人分

豚ロース薄切り肉	350g
もめん豆腐	1丁(400g)
白菜	200g(4枚)
長ねぎ	1本
春菊	1/3束
A　水	250ml
しょうゆ	大さじ4
酒	大さじ3
みりん	大さじ2
砂糖	大さじ2

作り方

1　白菜はひと口大、ねぎは斜めに切り、春菊は4〜5cm長さに切る。

2　豆腐は8等分に切り、豚肉は食べやすい大きさに切る。

3　鍋にAを入れて煮立て、豚肉を加えてアクを除きながら煮る。

4　豆腐、白菜、ねぎを加えて落しぶたをして中火で煮る。煮汁が少し残るくらいまで煮て、春菊を加えてさっと煮る。

DATA

栄養価(1人分)

エネルギー 311kcal
たんぱく質 27.4g
脂質 15.4g
炭水化物 11.4g
カルシウム 152mg
鉄 2.5mg

MEMO　一度冷まし、食べるときに温め直すと、味がしみ込んでよりおいしくなります。
少し調味料を足して肉豆腐うどんにもアレンジ！

レンジで簡単りんごのコンポート

旬の果物は積極的にとるように心がけています。
ご家庭で作りやすい電子レンジのコンポートを紹介。

ヨーグルトにのせて
カルシウムアップ＆
便秘予防

材料　4人分

りんご	中1個
グラニュー糖（または砂糖）	大さじ1
A （混ぜる）	
レモン汁	小さじ1
水	小さじ1
プレーンヨーグルト	600g

電子レンジで2分加熱
し、いったんとり出し
て混ぜる。

作り方

1　りんごは皮をむいて8等分に切り、さらに3等分に切る。

2　耐熱ボウルに**1**のりんごを入れ、グラニュー糖をふり、Aをかける。ラップをふんわりかけて電子レンジ（600W）で2分加熱し、とり出して混ぜる（写真）。

3　再びラップをふんわりかけて電子レンジで2〜3分加熱し、ラップをしたままあら熱をとる。冷蔵庫で冷やし、ヨーグルトにのせる。

DATA

栄養価（1人分）
エネルギー　135kcal
たんぱく質　5.5g
脂質　4.6g
炭水化物　18.7g
カルシウム　182mg
鉄　0.1mg

MEMO　食パンにクリームチーズを塗り、りんごのコンポートを刻んでのせても◎。

速攻キムチビビンバ

キムチ＆焼肉のたれで手早く。
食欲をそそる香りでスタミナアップ！　夏はそうめんと合わせて。

ひき肉＋温泉卵で
たんぱく質をしっかり

材料　4人分

豚ひき肉	320g
もやし	1袋(250g)
にら	1/2束(50g)
乾燥きくらげ	3g(3枚)
キムチ	100g
サラダ油	大さじ1
A　焼肉のたれ(市販品)	大さじ3
キムチの素(市販品)	大さじ1
温かいごはん	適量(1人250g)
温泉卵	4個

作り方

1　きくらげは水でもどし、石づきをとって食べやすい大きさに切る。にらは2〜3cm長さに切る。

2　フライパンに油を熱し、豚ひき肉を炒め、色が変わったらきくらげともやしを加えてさらに炒める。

3　**2**にキムチ、にらを加えてさっと炒め合わせ、Aで調味する。

4　器にごはんと**3**を盛り、温泉卵をのせる。

DATA

栄養価(1人分)

エネルギー 767kcal
たんぱく質 29.8g
脂質 23.6g
炭水化物 102.4g
カルシウム 69mg
鉄 2.6mg

MEMO　ピザ用チーズを散らして電子レンジで溶かしてから、温泉卵をのせることもあります。豚バラ肉や豚こま切肉を使うとボリュームアップします。

かぼちゃのポタージュ

冷凍かぼちゃで包丁いらず。
つぶつぶ食感の元気が出るスープです。

かぼちゃは
抗酸化作用あり

PART 1　走り抜く強い体づくり

材料　4人分

冷凍かぼちゃ	250g
牛乳	400ml
顆粒コンソメ	小さじ1/2
塩・こしょう	各少々

作り方

1　耐熱皿にかぼちゃを入れ、ラップをふんわりかけて電子レンジ（600W）で2分30秒加熱する。半解凍の状態で1.5cm角に切る。

2　鍋に1と牛乳、コンソメを入れて弱めの中火にかけ、沸騰しないように木べらで軽くつぶしながら煮て、かぼちゃがやわらかくなったら塩・こしょうで味をととのえる。

DATA

栄養価（1人分）
エネルギー　120kcal
たんぱく質　4.7g
脂質　4g
炭水化物　16.5g
カルシウム　126mg
鉄　0.3mg

MEMO　**1人分の作り方**＝耐熱カップに冷凍かぼちゃ70gを入れ、ラップをふんわりかけてレンジで2分加熱してつぶし、牛乳80mlを少しずつ混ぜて塩、こしょう少々で調味。さらに、レンジで2分加熱します。

カラフル野菜のポークカレー

具だくさんのカレーは選手の人気ナンバー1。
旬の野菜をたっぷりトッピングします。

野菜の栄養が
しっかりとれる!

材料　4〜5人分

豚こま切れ肉	350g
玉ねぎ	大1個
にんじん	1本
じゃが芋	大1個
にんにく (すりおろす)	1かけ
カレールウ	4かけ
水	700ml
サラダ油	大さじ1
A｜ケチャップ	大さじ1
｜ウスターソース	大さじ1

野菜トッピング用(なす1本・ズッキーニ小1本・ミニトマト8〜10個・パプリカ赤黄各1/4個くらいを目安に)

塩・こしょう	各少々
温かいごはん	適量(1人250g)

作り方

1 玉ねぎはくし形に切り、にんじん、じゃが芋はひと口大に切る。

2 鍋に油を熱し、玉ねぎを入れて炒め、透き通ってきたら豚肉と残りの**1**、にんにくを入れて炒める。水を入れて中火で煮て、材料がやわらかくなったら火を止めてルウを溶かし、Aを加えて再び煮る。

3 なす、ズッキーニ、パプリカは1.5cm角に切る。

4 **3**とミニトマトは多めのサラダ油(分量外)で焼き、軽く塩・こしょうする。

5 器にごはんと**2**、**4**を盛る。

DATA

栄養価(1人分)

エネルギー 785kcal
たんぱく質 27.3g
脂質 19g
炭水化物 121.7g
カルシウム 65mg
鉄 2.1mg
※栄養価は1/4量で算出

MEMO そうめんにカレーをかけ、温泉卵をのせてもOK。

鶏肉とトマトのサラダ風冷やしそうめん

シャリシャリ！　トマトのめんつゆが新鮮！
鶏肉とオクラを合わせて彩りのよいひと皿に。

具だくさんのめん料理で
いろいろな栄養をとる

PART 1　走り抜く強い体づくり

材料　4人分

そうめん	6〜8束
トマト（ヘタを除く）	2個
オクラ	4〜5本
サラダチキン（市販品）	200g
めんつゆ（3倍希釈タイプ）	大さじ2
A（混ぜる）	
めんつゆ（3倍希釈タイプ）	60ml
冷水	400ml

冷凍庫で
シャーベット状に
かためる。

作り方

1　トマトは1cm角に切り、ジッパーつき保存袋に入れる。めんつゆ（大さじ2）を加えて入れて、3時間ほど冷凍庫に入れる（写真）。

2　オクラはゆでて小口切りに、サラダチキンは細かく裂く。

3　そうめんは袋の表示通りゆで、冷水でもみ洗いし、よく水けをきって器に盛る。**1**と**2**をのせてAをかける。

DATA

栄養価（1人分）

エネルギー 349kcal
たんぱく質 17.9g
脂質 1.9g
炭水化物 63.1g
カルシウム 35mg
鉄 0.9mg

MEMO　サラダチキンを豚しゃぶしゃぶ肉にかえても◎。そばやうどんにすると献立のバリエーションが広がります。

はんぺん入り肉団子うどん

胃腸をいたわるうどんです。
大葉が香るふんわり肉団子入り。

消化のいいはんぺんと
鶏肉でたんぱく質を補給

材料　4人分

冷凍うどん	4玉
大根(太めのせん切り)	200g(5cm)
A｜はんぺん	1枚
鶏ひき肉	200g
大葉(せん切り)	5枚
かたくり粉	大さじ1
ごま油	大さじ1
塩・こしょう	各少々
B｜水	1200ml
しょうゆ	大さじ3
みりん	大さじ3
顆粒和風だし	大さじ1
塩	少々

作り方

1　ビニール袋にはんぺんを入れ、袋の上から細かくつぶす。残りのAを入れてよくもんで混ぜる(写真)。

袋で作るとラクラク。

2　鍋にBを入れて火にかけ、煮立ったら**1**を12〜16等分に丸めて落とし、火を通す。アクを除き、大根を加えて透き通るまで煮る。

3　冷凍うどんを加えて、めんがやわらかくなるまで煮る。

DATA

栄養価(1人分)
エネルギー 385kcal
たんぱく質 17.2g
脂質 10.1g
炭水化物 52.2g
カルシウム 35mg
鉄 1.1mg

MEMO　風邪がおなかにきたときは、山かけうどんを出すことも。めんつゆを鍋で温め、煮立ったら冷凍うどんをゆで、器に盛り、すりおろした長芋をかけます。

サラダチキン卵雑炊

のどの通りがいい雑炊は「食事の処方箋」。
鶏肉と卵を入れて消耗した栄養を補給します。

無理なくたんぱく質と
糖質が補える

材料　1人分

冷やごはん	100g
サラダチキン（市販品）	50g
水	200ml
顆粒和風だし	小さじ1/2
卵	1個
塩	少々
青ねぎ（小口切り）	適量

作り方

1 鍋に水と顆粒だしを入れて火にかけ、ごはんと裂いたサラダチキンを煮る。
2 汁けを残し、溶きほぐした卵を回し入れ、好みのかたさにして塩で味をととのえる。
3 器に盛り、青ねぎを散らす。

DATA

栄養価（1人分）

エネルギー 304kcal
たんぱく質 18.7g
脂質 6.6g
炭水化物 39.9g
カルシウム 29mg
鉄 0.9mg

MEMO フリーズドライの「卵スープ」を使って、雑炊を作るとより簡単です。

ねぎとろ温玉丼

ときには具材を用意して、自分で盛りつけてもらうことも。
ちょっとした楽しみも大切に。

長芋のネバネバが
ハードな練習で弱った
胃にやさしい

材料　1人分

マグロのすき身	50g
長芋	80g
温泉卵	1個
大葉	1枚
青ねぎ（小口切り）	適量
温かいごはん	250g

作り方

1　長芋はすりおろす。
2　丼にごはんを盛り、**1**のとろろ、マグロ、大葉、温泉卵をのせて、青ねぎを散らす。

DATA

栄養価(1人分)
エネルギー 620kcal
たんぱく質 27.4g
脂質 7.7g
炭水化物 104.3g
カルシウム 50mg
鉄 1.9mg

MEMO　寮では、ねぎとろパックを使っています。納豆をプラスしてもいいですね！

簡単ちらしずし

寮生活にメリハリをつけるため、行事食は大切に。
男子ばかりですが、ひな祭りはちらしずしを作ります。

エビ、サーモン、
卵焼きで
たんぱく質を手軽に

材料　1人分

温かいごはん	250g
ちらしずしの素（市販品）	適量
刺身用サーモン	20g
卵焼き（市販品）	20g
きゅうり	1/5本
蒸しエビ	2尾
いくらしょうゆ漬け	15g
かいわれ大根	適量

作り方

1　サーモン、卵焼き、きゅうりは1cm角に切る。

2　ごはんにちらしずしの素を混ぜ合わせる。

3　器に盛り、1と残りの具をのせる。

DATA

栄養価（1人分）
エネルギー 643kcal
たんぱく質 22.6g
脂質 9.6g
炭水化物 111.6g
カルシウム 50mg
鉄 1.2mg

MEMO　きゅうりのかわりに、冷凍アボカドを解凍してのせても。盛りつけを楽しみましょう。

"ごはんの供"ランキング

長距離ランナーにとって、炭水化物は最も重要なエネルギー源となります。
ごはんをもりもり食べるために欠かせないのが、
主菜や副菜とともに食卓に並ぶ"ごはんの供"。
駒澤大の選手に人気の"ごはんの供"をランキングにして紹介します。

ついついお箸が
止まらない！

1位	納豆	10人
2位	卵	7人
3位	キムチ	4人
3位	チャンジャ	4人
3位	イカの塩辛	4人
3位	梅干し	4人
3位	明太子	4人
8位	ふりかけ	3人
8位	温泉卵	3人
10位	ひきわり納豆	2人
10位	のり	2人
12位	とくになし	1人
12位	タラコ	1人
12位	カツオフレーク	1人
12位	サバ缶	1人
12位	ゆずこしょう	1人
12位	納豆キムチ	1人
12位	カクテキ	1人
12位	イカナゴのくぎ煮	1人

選手の実家やOB、応援してくださるか
たからさまざまな差し入れが届く。（イン
スタグラム @komadays から）

PART 2

手間を省いて栄養アップ

料理の品数が増えれば、より多くの栄養をとることができます。
でも、忙しくて品数をそろえるのが大変。
そんなときに頼りになる応援レシピを紹介します。
食事のレパートリーに困ったときにご活用ください。

オススメ便利食材

冷凍食品、肉や魚の加工品、総菜、乾物、缶詰にひと手間加えることで、
不足しがちな栄養を補うことができます。もう一品、おかずを増やしたいときに、
手間なく活用できる食材を、本書でレシピをお伝えしているものを中心にご紹介します。

冷凍食品

冷凍水ギョーザ

糖質とたんぱく質を
補える。スープやサラ
ダに。

冷凍アサリ

鉄の補給に使いやす
さ抜群！ 卵とじや煮
物に。

冷凍野菜

必要な分だけ使え、
時短に役立つ。冷凍
かぼちゃはスープに。

チルド食品

餅きんちゃく

油揚げの鉄＋餅の糖
質が補える。おでん
や煮物に添えて。

サラダチキン

鶏肉のたんぱく質を
スピード補給。サラダ
や雑炊の具に。

カニ風味かまぼこ

スケソウダラなどの
たんぱく質がとれる。
サラダやスープに。

魚肉ソーセージ

魚のたんぱく質とカ
ルシウムがとれる。サ
ラダやチーズ焼きに。

ちくわ

魚のたんぱく質がと
れる。ツナあえや酢の
物に。

納豆

たんぱく質や、骨に役立
つビタミンKがとれる。
朝食やごはんの供に。

厚揚げ

たんぱく質も鉄も多い
カルシウム源。炒め
物やオーブン焼きに。

温泉卵

たんぱく質が手軽に
とれる。めんやごはん
にトッピング。

カット野菜

不足しがちな野菜を
補うのに便利。炒め
物やめん料理に。

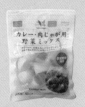

下ゆで野菜

根菜の栄養が手軽に補える。カレーの時短や煮物に活用。

焼き鳥のレバー串

鉄の宝庫、レバーが下処理なしでとれる。焼きそばの材料に。

卯の花

たんぱく質、脂質、炭水化物がとれる。野菜やアサリで増量。

ひじき煮

手間なくひじきの栄養がとれる。豆腐と混ぜて栄養を強化。

もずく酢

食物繊維とミネラルが補える。三杯酢を活用してあえ物に。

中華クラゲ

魚介類や野菜と混ぜてカロリーを抑えたあえ物に。

春雨サラダ

サラダチキンや野菜と混ぜて具だくさんのあえ物に。

高野豆腐

たんぱく質、カルシウム、鉄がとれる。煮物や炒め物に。

ひじき

カルシウム、ビタミンK、マグネシウムが豊富。煮物やごはんに。

乾燥きくらげ

骨に役立つビタミンDがとれる。油と合わせると吸収率アップ。

桜エビ

カルシウムの補給に。炒め物や酢の物にちょい足しを。

コンビーフ缶

脂質を抑え、たんぱく質と鉄がとれる。炒め物に。

ツナ缶

たんぱく質が補給でき、魚の油DHA・EPAがとれる。あえ物に。

イワシしょうゆ煮缶

骨ごとイワシの栄養がとれる。そのまま炊き込みごはんの材料に。

フルーツ缶

果物のビタミンと食物繊維がとれる。デザートやサンドイッチに。

焼き芋

糖質と食物繊維がとれる。手軽な補食としても。

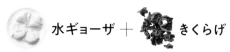 水ギョーザ ＋ きくらげ

水ギョーザときくらげの鍋

寮ごはんでは、スープにする定番の組み合わせ。
ご家庭では野菜たっぷりの鍋にしてみませんか。

材料　4人分

冷凍水ギョーザ	1袋(14〜16個)
白菜	400g
長ねぎ	1本
水菜	1茎(30g)
にんじん	1/2本
乾燥きくらげ	10g(10枚)
水	1200ml
顆粒鶏がらスープ	大さじ2
塩	小さじ1/3〜

作り方

1 きくらげは水でもどし、石づきをとって食べやすい大きさに切る。白菜はざく切りにし、長ねぎは斜め切り、水菜は食べやすく切る。にんじんは皮をむいてピーラーで細長く切る。

2 鍋に水を入れて火にかけ、鶏がらスープ、塩を入れて水菜以外の**1**を入れて煮る。

3 水ギョーザを凍ったまま加えてさらに煮て、火が通ったら水菜を加える。好みのたれ(下記参照)をかけて食べる。

DATA

栄養価(1人分)
エネルギー 180kcal
たんぱく質 5.1g
脂質 6.5g
炭水化物 27.8g
カルシウム 81mg
鉄 1.4mg

 MEMO　ねぎぽん酢だれ＝ぽん酢大さじ3・ごま油大さじ2/3・にんにく(すりおろす)少々・小ねぎ。
ピリ辛ごまだれ＝ぽん酢大さじ3・白すりごま大さじ2・豆板醤小さじ1/2〜 を混ぜ合わせます。

写真は全量

水ギョーザで糖質と
たんぱく質を補う

 水ギョーザ ＋ カニ風味かまぼこ

水ギョーザときゅうり、カニかまのサラダ

水ギョーザと野菜をあえてさっぱりサラダに！
食欲のない日におすすめです。

材料　3〜4人分

冷凍水ギョーザ	8〜10個
カニ風味かまぼこ	3本
きゅうり	1本
紫キャベツ	30g
グリーンリーフ	3〜4枚
トマト	1/2個

作り方

1 きゅうりは縦半分に切って斜め薄切り、紫キャベツはせん切り、グリーンリーフは食べやすい大きさにちぎり、トマトは食べやすい大きさに切る。

2 カニ風味かまぼこは長さを半分に切ってから細く裂く。

3 冷凍水ギョーザは袋の表示通りにゆでて冷水にとり、水けをきる。

4 器に1、2、3を盛り、好みのドレッシングをかけて食べる。

DATA

栄養価（1人分）
エネルギー 166kcal
たんぱく質 6.7g
脂質 5.8g
炭水化物 22.9g
カルシウム 62mg
鉄 0.7mg
※栄養価は1/3量で算出

トマトや紫キャベツの
ビタミンも充実。
カラフルにして食欲も増進

写真は全量

MEMO カニ風味かまぼこのかわりにハムでも◎。しょうがや小ねぎをたっぷり刻んだピリ辛ドレッシングをかけてもおいしいです。

 餅きんちゃく

大根とさつま揚げ、餅きんちゃくのおでん

寮ごはんの煮物によく登場する餅きんちゃく。
油揚げと切り餅で簡単に作れます！

材料　4人分

大根	320g(1/4本強)
さつま揚げ(ひと口大)	4枚
むすび昆布(市販品)	6〜7個
油揚げ	4枚
切り餅	4個
A　水	500ml
顆粒和風だし	小さじ1
しょうゆ	大さじ1と1/2
みりん	大さじ1
砂糖	大さじ1/2

作り方

1 大根は1cm厚さのいちょう切りにし、耐熱皿に並べてラップをして電子レンジ(600W)で3分加熱する。

2 油揚げは熱湯でさっとゆでて油抜きをしてから水けを絞る。半分に切って袋状に開き(写真)、半分に切った餅を入れて、ようじでとめる。

3 鍋にAを煮立て、1の大根を入れて煮て、ある程度やわらかくなったらさつま揚げ、餅きんちゃく、昆布を加えて、餅がやわらかくなるまで煮る。

DATA

栄養価(1人分)
エネルギー 296kcal
たんぱく質 14.1g
脂質 9.1g
炭水化物 38.9g
カルシウム 132mg
鉄 1.5mg

切り口に親指を入れて開く

> 昆布や練り物の
> カルシウムもしっかり

写真は約2人分

MEMO　寮では、冷凍の餅きんちゃくをストックしています。鶏肉と大根の煮物に加えることも。

 魚肉ソーセージ＋ カニ風味かまぼこ

ゆで卵と魚肉ソーセージのパワーサラダ

卵はたんぱく質のほかビタミン、カルシウム、鉄もとれる優秀食品。
副菜にも、肉や魚以外のたんぱく質源をとり入れ、栄養を強化しています。

材料　4人分

ゆで卵(あらく刻む)	3個
魚肉ソーセージ	1本
カニ風味かまぼこ	6本
きゅうり	2本
ブロッコリー	50g〜
キャベツ	300g〜

DATA

栄養価(1人分)

エネルギー　148kcal
たんぱく質　12.9g
脂質　6g
炭水化物　11.3g
カルシウム　124mg
鉄　1.4mg

作り方

1　きゅうりは縦4等分にして小口切り、ブロッコリーは小房に分ける。キャベツはひと口大に切る。魚肉ソーセージ、カニ風味かまぼこは小口切りにする。

2　鍋に湯を沸かし、塩少々(分量外)を加えた熱湯でキャベツをゆでる。やわらかくなってきたらブロッコリーを加える。冷水にとって、ざるにあげて冷まし、ブロッコリーは小さく切る。

3　きゅうり、ブロッコリー、魚肉ソーセージ、カニ風味かまぼこを混ぜ合わせる。

4　器に2のキャベツを敷き、3をのせる。ゆで卵を散らし、好みのドレッシング(下記参照)をかけて食べる。

ゆで卵の作り方

生の卵は、賞味期限も長く肉や魚よりも買い置きしやすい食品です。ゆで卵をこまめに作り、手軽に栄養アップ！

(卵3個分)

1　鍋にたっぷりの水、塩小さじ1弱を入れて火にかける。

2　沸騰したら卵を1個ずつそっと湯のなかに入れ、ボコボコ沸騰しない程度の火加減で12分ゆで冷水にとる。
※冷蔵庫に入れ3日以内に食べきること。

MEMO

オーロラソース＝マヨネーズ大さじ5・ケチャップ大さじ2・ウスターソース小さじ1/2・レモン汁小さじ1・塩・こしょう各少々。
ヨーグルトドレッシング＝ヨーグルト大さじ4・マヨネーズ大さじ2・粉チーズ大さじ1〜2・レモン汁大さじ1・にんにく(すりおろす)少々・オリーブオイル大さじ1/2・塩・こしょう各少々を混ぜ合わせます。

ブロッコリーとキャベツで
ビタミンＣも充実

写真は2人分

 ちくわ＋ツナ缶

ちくわときゅうり、ツナのあえ物

大葉がふわっと香ります。
めんつゆならコクのある味に、ぽん酢で調味するとさっぱり！

ツナのたんぱく質＆
大葉のビタミンもプラス

写真は半量

材料　作りやすい分量

ちくわ	4本
きゅうり	2本
ツナ缶	1缶
大葉(せん切り)	2枚
めんつゆ(ストレートタイプ)	大さじ2

作り方

1　ちくわときゅうりは斜め薄切りにする。ツナは軽く油をきる。

2　**1**をめんつゆで調味する。

3　器に盛り、大葉をのせる。

DATA

栄養価(1人分)

エネルギー 125kcal

たんぱく質 9.9g

脂質 5.9g

炭水化物 8.5g

カルシウム 26mg

鉄 0.8mg

※栄養価は1/3量で算出

MEMO　ちくわだけでなく笹かまぼこも頼りになる食材です。笹かまぼこ小3枚、きゅうり1本を食べやすく切り、もずく酢2パックとあえても。

 中華クラゲ

中華クラゲともやしのあえ物

総菜の中華クラゲにイカともやしを混ぜてボリュームアップ！
イカのかわりに鶏ささみ肉にするなど、いろいろアレンジできます。

写真は半量

中華クラゲで
食物繊維を

材料　作りやすい分量

中華クラゲ（市販品）	200g
もやし	1袋（200g）
イカ（刺身用・せん切り）	150g
大葉（せん切り）	4枚
ぽん酢しょうゆ	大さじ1
ごま油	大さじ1

作り方

1　鍋に湯を沸かし、イカを入れ、続けてもやしを加えてさっとゆでる。ざるに上げて水けをきる。

2　1が冷めたらぽん酢、ごま油を加えてあえる。

3　中華クラゲ、大葉を加えてさっとあえる。

DATA

栄養価（1人分）

エネルギー 135kcal
たんぱく質 11.1g
脂質 5.9g
炭水化物 9.5g
カルシウム 13mg
鉄 0.2mg

※栄養価は1/4量で算出

MEMO　中華クラゲの塩分により、ぽん酢しょうゆの量を減らしてください。

春雨サラダ ＋  サラダチキン

サラダチキン入り春雨サラダ

総菜はアレンジして栄養アップ！
手軽な組み合わせで品数を増やしています。

材料　作りやすい分量

中華風春雨サラダ(市販品)	260g
サラダチキン(市販品)	80g
かいわれ大根	適量

作り方

1　サラダチキンは細かく裂く。
2　ボウルに春雨サラダと**1**を入れて混ぜる。
3　器に盛り、かいわれ大根をのせる。

DATA

栄養価(1人分)
エネルギー 108kcal
たんぱく質 8g
脂質 3.4g
炭水化物 10.8g
カルシウム 19mg
鉄 0.4mg

※栄養価は1/3量で算出

サラダチキンで
たんぱく質を確保

写真は1／3量

MEMO トマト、レタス、きゅうりをプラスしてボリュームアップするのもおすすめです。

アサリを足して
鉄アップ

 卯の花 ＋ 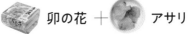 アサリ

アサリ入り卯の花

忙しい日は総菜に具材をプラス。

材料　作りやすい分量

卯の花（市販品）	120g
冷凍アサリ	60g
冷凍むき枝豆	25g
乾燥きくらげ	3g（3枚）
A｜顆粒和風だし	小さじ1/3
｜水	大さじ1

作り方

1 きくらげは水でもどし、石づきを
  とって細切りにする。
2 小鍋にAを入れ、きくらげ、アサ
  リ、枝豆を煮る。卯の花を加えて
  混ぜながら火を通す。

DATA　栄養価（1人分） ※栄養価は1/3量で算出

エネルギー 77kcal	たんぱく質 7.1g	脂質2.7g
炭水化物 6.4g	カルシウム 50mg	鉄 6.9mg

写真は全量

 ひじき煮 ＋ 豆腐ミニパック

ひじきの煮物の白あえ

豆腐とひじき煮を混ぜるだけ！

材料　作りやすい分量

ひじき煮（市販品）	70g
豆腐（ミニパック）	150g
しょうゆ	適宜
砂糖	適宜

作り方

1 豆腐は水きりをしておく。
2 ボウルに1を入れて泡立て器など
  でつぶす。ひじき煮を加えてよ
  く混ぜ、味が足りなければしょう
  ゆ、砂糖を足す。

DATA　栄養価（1人分） ※栄養価は1/3量で算出

エネルギー 52kcal	たんぱく質 3.4g	脂質2.7g
炭水化物 3.3g	カルシウム 61mg	鉄 0.7mg

写真は全量

豆腐のたんぱく質と、ひじきの
カルシウムが手軽にとれる

 高野豆腐 ＋ 冷凍アサリ

高野豆腐のアサリにらあんかけ

アサリのうま味をしみ込ませた高野豆腐に、
にらの香りのあんがぴったり。

材料　4人分

高野豆腐	5個
冷凍アサリ（または缶詰）	130g
にら	1/2束（50g）
A 水	350 ml
顆粒和風だし	大さじ1/2
しょうゆ	小さじ2
砂糖	小さじ1
水どきかたくり粉	
（かたくり粉大さじ1/2＋水大さじ1）	

作り方

1 高野豆腐は水でもどして水けを絞り6等分に切る。にらは小口切りにする。

2 鍋にAを入れて火にかけ、高野豆腐とアサリを入れて味がしみるまで10分ほどコトコトと煮て、高野豆腐を器に盛る。

3 2の鍋ににらを加え、水どきかたくり粉を回し入れ、さっと煮立たせとろみをつける。

4 高野豆腐に3をかける。

DATA

栄養価（1人分）
エネルギー 165kcal
たんぱく質 18.1g
脂質 8g
炭水化物 4.3g
カルシウム 177mg
鉄 11.5mg

鉄とカルシウムを多く含む
アサリとの組み合わせ

写真は全量

MEMO にら以外に小松菜で作ることもあります。

 高野豆腐 ＋ 桜エビ

高野豆腐と桜エビの炒め煮

高野豆腐を細切りして炒め煮にすると、
煮物とは違った食感が楽しめるのも魅力です。

材料　3〜4人分

高野豆腐	4個
桜エビ	大さじ3
乾燥ひじき	4g
にんじん	80g
小松菜	80g
ごま油	大さじ1
A｜水	100ml
｜顆粒鶏がらスープ	小さじ2
｜砂糖	小さじ1/2
｜塩	少々

作り方

1 ひじきは水でもどし、ざるにあげる。高野豆腐は水でもどして水けをきつく絞り、縦半分に切って半分の厚さにし、細切りにする。

2 にんじんは細切りにし、小松菜は食べやすい大きさに切る。

3 鍋にごま油を熱し、にんじん、高野豆腐、ひじき、桜エビを炒め、油が回ったらAと小松菜を加えて味がしみ込むまで煮る。

DATA

栄養価（1人分）
エネルギー 188kcal
たんぱく質 14.3g
脂質 12g
炭水化物 5.8g
カルシウム 270mg
鉄 2.7mg
※栄養価は1/3量で計算

1日にとりたいカルシウムの
1/3量がとれる

写真は3/4量

MEMO しょうゆ、みりん、砂糖、赤唐辛子のきんぴら味にしてもいいですね！

魚肉ソーセージ

魚肉ソーセージとさつま芋のチーズ焼き

補食の強い味方、魚肉ソーセージとさつま芋がタッグ！
チーズとバターの塩けがよく合います。

魚肉ソーセージのたんぱく質、
さつま芋の糖質と
ビタミンがとれる

材料　1人分

さつま芋	1/2本(120g)
魚肉ソーセージ	1本
バター	小さじ1弱
ピザ用チーズ	30g

作り方

1　さつま芋は1cm厚さに切って耐熱皿に並べ、ラップをふんわりかけ、電子レンジ(600W)で3分加熱する。

2　魚肉ソーセージは斜め切りにする。

3　耐熱容器(またはアルミホイル)に**1**と**2**を斜めに重ねて並べ、バターをちぎって散らし、チーズをのせてオーブントースターで7〜8分焼く。

DATA

栄養価(1人分)
エネルギー 420kcal
たんぱく質 16g
脂質 17.5g
炭水化物 48.9g
カルシウム 308mg
鉄 1.4mg

 MEMO 焼き芋で作ると電子レンジを使う手間がありません。練習から戻ってすぐに食べられるように、焼く手前まで支度しておきましょう。

 コンビーフ ＋ カットキャベツ

コンビーフとキャベツのチーズトースト

コンビーフとカットキャベツで包丁いらず。
ボリューミーなトーストは、朝食としてもおすすめです。

チーズで
カルシウムをアップ

材料　2人分（食パン2枚分）

コンビーフ	1缶
カットキャベツ（市販品）	1袋（150g）
ピザ用チーズ	40g
食パン（6枚切り）	2枚
サラダ油	大さじ1/2
塩・こしょう	各適量

作り方

1　フライパンに油を熱し、キャベツをしんなりするまで炒めたら、軽くほぐしたコンビーフを加えて炒め合わせ、塩・こしょうで調味する。

2　食パンに**1**の1/2量を広げてのせ、上にチーズを散らし、オーブントースターでチーズが溶けるまで焼く。もう1枚も同様にする。

DATA

栄養価（1人分）
エネルギー 349kcal
たんぱく質 18.8g
脂質 16g
炭水化物 32.7g
カルシウム 177mg
鉄 2mg

MEMO　コンビーフとキャベツのソテーは、ごはんにのせるのもおすすめです。卵黄をのせて栄養アップ！

 フルーツ缶

フルーツあんみつ風

選手たちは甘味が大好き！　あんこを添えると喜びます。
フルーツポンチをまとめて作っておくと、果物が手軽にとれます。

材料　作りやすい分量（約6人分）

フルーツ缶（パイン・みかん）	1缶
フルーツ缶（黄桃）	1缶
バナナ	1本
キウイフルーツ	1個
こしあん	適量

作り方

1　バナナ、キウイは食べやすい大きさに切る。

2　**1**とフルーツ缶をシロップごと合わせ、容器に移し（写真）、冷蔵庫で冷やす。

3　器に盛り、こしあんを添える。

DATA

栄養価（1人分）
エネルギー 123kcal
たんぱく質 4g
脂質 0.3g
炭水化物 26.4g
カルシウム 32.7mg
鉄 1.2mg

缶詰に生の果物をプラスする

あずきから糖質も
食物繊維もとれる

MEMO みかんやすいか、冷凍ぶどうや冷凍マンゴーも合います。白玉団子を加えて糖質を補うことも。

 フルーツ缶

フルーツサンド

クリームチーズとヨーグルトで酸味のあるサンドイッチです。
砂糖は使わず、フルーツ缶のシロップで甘さ控えめに。

材料　2人分

刻みフルーツ缶
　（黄桃、洋なし、ぶどう、さくらんぼなど）　120g
食パン（8枚切り）　4枚
A（混ぜる）
　クリームチーズ（室温に置く）　80g
　プレーンヨーグルト　大さじ1
　刻みフルーツ缶のシロップ
　　　　　　　　　　　　大さじ1/2

作り方

1　Aをよく混ぜ合わせる。
2　フルーツ缶のシロップをきり、1と混ぜ合わせる。
3　耳を切った食パンの上に2の1/2量をのせて広げ、もう1枚のパンではさむ。これをもうひと組作り、食べやすく切る。

DATA

栄養価（1人分）
エネルギー 419kcal
たんぱく質 11.8g
脂質 17.2g
炭水化物 53.7g
カルシウム 57mg
鉄 0.5mg

クリームチーズで
カルシウム補給

写真は全量

MEMO パンにはさむだけでなく、クラッカーにのせておやつにしても。

選手たちのコンビニ活用術

身近なコンビニは、補食の購入に便利です。補食とは、足りない栄養を補って食べること。栄養は基本的に三度の食事でとりますが、激しい練習を積む選手には不足することも。また、レースでは朝食や昼食から時間が経ち、おなかがすくこともあるのです。選手がコンビニを活用してどんな補食をとっているか紹介します。

[レース前]

カステラ、チョコレート、
バナナ、ゼリー飲料、パスタ、
菓子パン、うどん、団子、大福、
オレンジジュースなど

糖質がとれ、消化がいいものを
選んでいます。水分と糖質を同時に
補給できる果汁100%ジュースを飲む選手も

[レースや練習のあと]

サラダチキン、プロテイン・
ゼリー飲料、バナナ、カステラ、
おにぎり、アミノ酸のサプリメント、
ヨーグルトなど

ダメージを受けた筋肉を修復したり、
疲労を回復するために、たんぱく質や
糖質系の補食を選んでいます

レース後のとっておき

勝利のため、自己ベストを1秒でも更新するため、ふだんは我慢している好物をレース後のとっておきに。

ときには自分への
ごほうびも

スナックほか
たまには食べたくなるものです

スイーツ
一番人気はアイスクリーム。
糖分だけでなく脂肪分も多い。
疲れた体に甘さが沁みわたる…

PART 3

試合に向けた
食と練習

箱根駅伝前日の夕食、当日の朝食の献立を再現しました。
大切な試合に向けた食事作りの
参考にしていただけたらうれしいです。
また、練習の年間計画もご紹介します。

第97回（2021年）
箱根駅伝では
13年ぶりに優勝を
飾りました

READY FOR HAKONE

箱根駅伝の2日間

1月2日・3日

多くの学生ランナーの1年間の最大の目標が、
1月2日、3日の箱根駅伝です。
この日に最大限のパフォーマンスを
発揮できるように、
私も食事の面からサポートしています。

駅伝当日の

食事準備の
スケジュール

起床

朝食準備

2:30

私は選手ではありませんが、緊張して
レース前夜は眠れません…。1区の
選手、監督、マネジャーたちも同じ頃
に起床。真冬なので、凍えるくらい
寒い…。

スタート4時間前

出場する選手たちは、それぞれスター
ト時刻の4時間前に朝食をとります。
ちゃんと食べてるかな…？　緊張して
いないかな…？　とついつい朝食の
様子をうかがってしまいます。

8:00

いよいよスタート。ドキドキします。
区間によっては、なかなかテレビに映
らないこともあるので、テレビに映る
と大騒ぎ！　マネジャーたちと常に順
位やタイムをチェックしています。

5区

5区は、箱根駅伝の最大の見どこ
ろです。何kmも続く急な上り坂は、
歩くのだって大変なのに、走って
いるだなんて…それだけで感動し、
涙が流れそうになります。

昼食準備

13:30頃ゴール

順位はどうあれ無事にタスキを繋
いで走ってくれたなら、ひと安心
です。1年間、どの選手もこの日の
ためにがんばっています。本当に
おつかれさま！

夕食準備

1月3日（復路）

復路の日は7〜10区の選手の朝食
を作って終了。体からすべての力
が抜けます〜。あとは選手たちの
走りを、祈りながら見守るのみです。

2日間とも、6区の選手を除いて全員が、
寮からスタート地点に向かいます。

箱根駅伝は1月2日からなので、選手たちは元旦を寮で迎えます

8時スタートのため、1区の選手は夜中に起きて日が昇る前から準備をします

監督にとっても、運営管理車の中で過ごす、長くてあっという間の2日間です

タイムスケジュール

1月2日（往路）の場合

選手のスケジュール

時刻	内容
2:30	起床
4:00	1区選手朝食
4:30	2区選手朝食
5:00	1区選手出発
5:30	3区選手朝食
6:30	4区選手朝食
7:30	5区選手、復路選手朝食
8:00	箱根駅伝スタート!
10:30	
12:30	復路選手昼食
13:30	（往路）ゴール
14:00	
18:00	
	夕食
19:00	

選手たちに手渡すもの

手紙に1人ずつ応援メッセージを書いて前日に手渡します。お守りは、以前は箱根駅伝前日に渡していましたが、もう少し長く身につけてもらいたくて全日本大学駅伝の前に贈るようになりました。このお守りは、秋に京都を訪ね、護王神社で足腰の守護と上達必勝を祈願し、授かってきたものです。

20kmを走り抜く持久力を高める

箱根駅伝 前日の夕食

糖質をいつもより多めに、就寝4時間前に食べる

レース前は、なま物と油を多く使う料理は、胃腸の負担になるので控えます。持久力を高めるために、筋肉にできるだけ多くの糖質（グリコーゲン）を蓄えておきたいので、食事の糖質量をいつもより多くしているのがポイントです。うどんとごはん、じゃが芋、果物などから糖質がとれるように工夫をしました。増やした糖質を体内で効率よく利用するために、糖質の代謝を助けるビタミンB_1もしっかりと。果物や野菜でビタミン、ミネラルも補給します。

肉豆腐うどん

うどん　豚肉　豆腐
長ねぎ　白菜　春菊

POINT

芋類のおかずで
主食の糖質をさらに補う

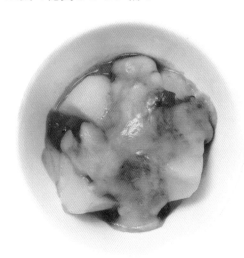

POINT

ごはん＋うどんで
炭水化物（糖質）を多めに

じゃが芋の
ミートソースチーズ焼き

じゃが芋　ミートソース　チーズ

ごはん

POINT

サラダにも、鶏むね肉、
カニ風味かまぼこなど
低脂肪のたんぱく質を散りばめる

うなぎのかば焼き

POINT

増やした糖質を体内で効率よく
エネルギーに変えられるように、
ビタミン B_1 を含んだ豚肉、
うなぎのおかずを

鶏むね肉のサラダ

鶏むね肉　カニ風味かまぼこ　にんじん
きゅうり　紫キャベツ　レタス　トマト

POINT

フルーツからは
ビタミン、
ミネラルだけでなく
糖質も補える

フルーツ盛り合わせ

バナナ　オレンジ　いちご

スタート前のエネルギー補給に使う軽食

箱根駅伝前日の夕食後、選
手たちにバナナ、カステラ、
バランス栄養ゼリーを手
渡します。カステラは毎年
「文明堂」です。朝食だけで
は最後までエネルギーが維
持できないので、選手たち
は軽食をとり、スタート前
に栄養を補給しています。

かきたま汁

卵　カニ風味かまぼこ
ワカメ　長ねぎ

POINT

緊張で食が進まないときでも
食べやすい温かい汁物は、
具だくさんにしてたんぱく質をプラス

たっぷりの糖質で体を温め
エネルギーチャージ

箱根駅伝 当日の朝食

「ふだん通り」の雰囲気で
それぞれが好きなものを食べる

選手たちはスタート4時間前に朝食をとります。
駅伝の場合はスタート時刻がそれぞれ違うので、
1人ずつ食事を用意します。いつもとは違うリ
ズムになる朝食ですが、特別なことをせず、「ふ
だん通り」の雰囲気を心がけています。
メニューは2日前に選手のリクエストを聞いて
います。一番人気は豚汁うどんです。最高のパ
フォーマンスを発揮できるよう、朝食でエネル
ギーチャージし、体を温めて出発です！
うどん、ごはん、フルーツ、オレンジジュースか
ら糖質を補給。豚汁の豚肉や豆腐、卵やサケか
らたんぱく質をとります。

一番人気！

豚汁うどん

POINT

体を温めることができて、のどを通りやすい汁物は、
必要な栄養素が一度にとれる豚汁に。
野菜は、やわらかく煮える大根、白菜、ねぎを使って、
食物繊維が多くて消化に時間がかかるごぼうや
にんじん、芋類は入れません。
この豚汁に、炭水化物（糖質）のうどんを入れる
「豚汁うどん」が定番ですが、
選手によっては豚汁とごはんを組み合わせたり、
お餅を加えたり。好みに合わせてアレンジしています。

ごはん

Special Recipe 1

豚汁うどん
具はゆっくり煮て、
やわらかめに

栄養価（1人分）
エネルギー 361kcal
たんぱく質 19.9g
脂質 8.3g
炭水化物 48.6g
カルシウム 90mg
鉄 1.8mg

材料　4人分

豚こま切れ肉	200g
もめん豆腐	1/2丁
大根	120g（4cm）
白菜	120g
長ねぎ	1/2本
冷凍うどん	4玉
だし汁	1200ml（顆粒和風だし大さじ1）
みそ	大さじ4

作り方

1　豆腐は1cm角に切る。大根は5mm厚さ
のいちょう切り、白菜は小さめのざく
切り、長ねぎは斜め薄切りにする。

2　鍋にだし汁を入れて火にかけ、大根、
豚肉を加えて煮立ったらアクを除き、
白菜、冷凍うどんを加えて煮る。

3　みそ、長ねぎ、豆腐を加えて、沸騰させ
ないように弱火で煮て火を通す。

卵焼き

オムレツ

焼きサケ

チキンナゲット

POINT

たんぱく質のおかずは、
選手のリクエストに応えて、
肉・魚・卵料理を準備しています。

牛皿

きな粉餅

フルーツ盛り合わせ

果汁100％ジュース

POINT

糖質を補うための
餅も好みの食べ方で。
甘い味が選手たちに
人気です。

おしるこ

Special Recipe 2

おしるこ

すぐに出せるように、
こしあんを溶いてささっと

栄養価（1人分）
エネルギー 214Kcal　炭水化物 42.3g
たんぱく質 8.1g　カルシウム 47mg
脂質 0.7g　鉄 1.8mg

※栄養価は1/4量で算出

材料　3～4人分
こしあん 　　　250g
水 　　　　　　250ml
切り餅 　　　1人1個
塩 　　　　　　少々

作り方

1　鍋にこしあんと水を入れてよく混ぜ、火にかけて焦がさないようにかき混ぜながら煮る。餅は別の鍋でゆでる。

2　あんが温まったら火を止め、塩を加えて混ぜる。餅とともに器に盛る。

TRAINING SCHEDULE
練習の年間計画

箱根駅伝を最大の目標に、そのほかにも多くのレースを目指します。
出場する大会や合宿、重点的に行う練習内容について紹介します。

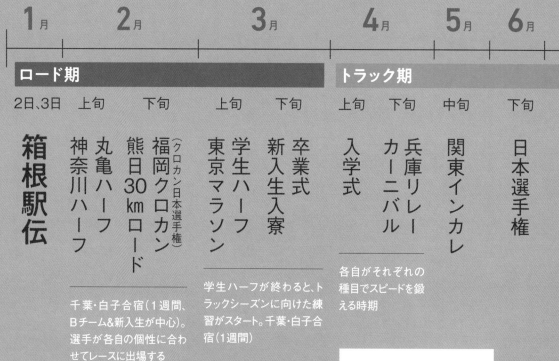

1月	2月		3月		4月		5月	6月
ロード期					**トラック期**			
2日、3日	上旬	下旬	上旬	下旬	上旬	下旬	中旬	下旬
箱根駅伝	福岡クロカン（クロカン日本選手権） 熊日30kmロード 丸亀ハーフ 神奈川ハーフ		学生ハーフ 東京マラソン	卒業式 新入生入寮	入学式	兵庫リレーカーニバル	関東インカレ	日本選手権

千葉・白子合宿（1週間、Bチーム&新入生が中心）。選手が各自の個性に合わせてレースに出場する

学生ハーフが終わると、トラックシーズンに向けた練習がスタート。千葉・白子合宿（1週間）

各自がそれぞれの種目でスピードを鍛える時期

2021年の日本学生ハーフマラソン選手権では鈴木芽吹が2位に入った

スピードとスタミナの養成

かつては"ロードの駒大"と呼ばれていましたが、トラックで実績のある選手も入学するようになり、在学中からトラックで活躍する選手も増えてきました。前半戦のトラックシーズンは、ポイント練習（強度の高い重要な練習）として、水曜日にショートインターバル（400m×15～20本程度）などスピード系のトレーニングを実施しています。土曜日にはロングインターバル（5000m×2本＋400m×2本など）や距離走（20～30km）などでスタミナも養成。ペース設定は、コンディションに合わせて監督と選手とで話し合って決めています。

厳しい夏の練習を乗り切った先に、大きな成長がある

7月	8月	9月	10月	11月	12月

駅伝期

箱根駅伝に向けた調整が中心。レースへの参戦はほとんどない

上旬
上尾ハーフ

下旬
強化合宿（1週間）

中旬
世田谷246ハーフ

上旬
全日本大学駅伝

全日本大学駅伝後、強化合宿を行う

上旬
出雲駅伝

中旬
強化合宿（1週間）長野・菅平高原

上旬
全日本インカレ

駅伝・ロード対策を開始

中旬～
夏合宿（3週間、全員）長野・志賀高原、野尻湖

上旬
選手帰省

下旬
強化合宿（1週間）長野・菅平高原

上旬～中旬
ホクレン・ディスタンスチャレンジ

2021年の出雲駅伝。1年生の篠原倖太朗が1区で大学駅伝デビューを果たす

合宿での走り込み

連休や長期休暇を利用して年数回の合宿を行います。特に、駅伝シーズンを迎える前の8月、9月には、場所を移しながら3〜4週間におよぶ長期の強化合宿で走り込みます。合宿は朝、午前、午後と3部練です。朝練習は60分ジョグで10〜15km。午前練習は1日おきに20〜30kmの距離走やインターバルトレーニング。午後練習は体調に合わせてジョグなどを行います。

マラソンに向けたトレーニング

箱根駅伝に向けた練習を行う過程で、特に、長い距離に適性があると監督が判断した選手は、在学中から積極的にマラソンに挑戦します。練習での40km走、30kmのレースとステップを踏んで、ようやく初マラソン出場です。マラソンに向けての朝練習は60分で12〜15km程度。本練習は、月曜日にクロカン快調走（約16km）、水曜日にロングインターバル（5000m×4本）、土曜日は20〜30kmの距離走をします。

陸上部の歴史

レースを目指し、日々練習し、結果が出たらまた練習する——。
努力の継続を大切にする、陸上部の歩みを詳しく紹介します。

平成の常勝軍団、令和でも再び——

寄稿／出口庸介

**1967年　箱根駅伝（第43回大会）初出場
　　　　森本葵が監督に就任**

　中大OBで、60年代に800mランナーとして世界で活躍した森本は、長く駒澤大を率いました。自校の箱根駅伝の成績に「○勝○敗」という言葉を使用。"勝ち"とは"シード権獲得"、"負け"とは"予選会行き"のこと。「参加に意義ありのチーム」で、連続出場するものの、上位争いとは無縁でした。

**1970年　箱根駅伝（第46回大会）
　　　　初のシード権獲得**

　4回目の挑戦で箱根駅伝10位、初のシード権を獲得しました。その後も箱根駅伝に連続出場が続きますが、今ほど力を入れる大学も少なく、駒澤大は各高校とパイプがあり、折々に一流半程度の選手が入学していたからでした。エポックが訪れるのは83年です。

**1983年　大八木弘明が24歳で
　　　　実業団から入部**

　大八木は箱根の第60回大会時、1年生で5区区間賞、2、3年は2区を担い、第62回大会は区間賞を獲得。それまで駒澤大の最高位は7位でしたが、一気に4位に引き上げました。3区では初めて首位に。

　大八木の卒業後は、また「勝ったり負けたり」が続きます。新興校の進出もあり「次に落ちるのは駒澤大」と言われるように。

　94年の予選会は他校の不調にも救われ、ぎりぎりで通過。翌年も薄氷を踏む思いでした。そこで、「専任の指導者が必要」と、森本が白羽の矢を立てたのが、ヤクルトに所属していた大八木でした。

1995年　大八木弘明がコーチに就任

　大八木がコーチに就任すると、それから上昇曲線を描き「戦う集団」に。情熱的な指導で、出雲駅伝は97年に、全日本大学駅伝は98年に、箱根は2000年にそれぞれ初優勝。「平成の常勝軍団」の呼称がつき、「勝つ集団」になりました。大八木のコーチ就任時に入学した藤田敦史（現駒澤大コーチ、00年に当時の男子マラソン日本最高を樹立）の存在も光りました。

2004年　大八木弘明が監督に就任

　大八木は2002年に助監督、04年には監督に就任。学生三大駅伝の勝利数は、通算24勝（21年全日本まで）で日本一です。強くなるにつれ、住環境や練習環境も改善されていきました。

2005年　箱根駅伝（第81回大会）4連覇

　箱根では第78～81回大会で4連覇。初出場から2021年の第97回まで55回連続出場中です。

2021年　箱根駅伝（第97回大会）優勝

　チームは精彩を欠いた時期もありましたが、田澤廉ら好選手がそろった2020年度には、全日本で6年ぶり、箱根は13年ぶりに優勝。21年の全日本では連覇を飾りました。

　大学駅伝だけでなく、OBを含め世界選手権の代表には藤田ら、多くの選手を輩出。五輪選手育成は大八木にとって宿願でしたが、東京大会に中村匠吾（富士通）がマラソンで出場しました。どの世界でも栄枯盛衰はつきものですが、大八木監督の情熱、選手のがんばりで今日の駒澤大があります。

（写真上から）2002年の箱根駅伝（第78回大会）で2度目の総合優勝。この年が4連覇の第一歩／東京五輪男子マラソン代表の中村匠吾は4年時の箱根駅伝で1区区間賞の快走／2020年の全日本大学駅伝で6年ぶりの優勝。"平成の〜"から"令和の常勝軍団"へ

学校紹介

駒澤大学

学部：　仏教学部、文学部、経済学部、法学部、
　　　　経営学部、医療健康科学部、
　　　　グローバル・メディア・スタディーズ学部、
　　　　総合教育研究部
所在地：駒沢キャンパス
　　　　東京都世田谷区駒沢1-23-1
　　　　深沢キャンパス
　　　　東京都世田谷区深沢6-8-18
　　　　玉川キャンパス
　　　　東京都世田谷区宇奈根1-1-1
沿革：　1592年、江戸駿河台吉祥寺境内に前身の
　　　　「学林」設立
　　　　1882年、麻布区北日ケ窪に校舎を移転し、
　　　　10月15日に校名を「曹洞宗大学林専門本
　　　　校」とする。この日を開校記念日としてい
　　　　る。1905年、校名を「曹洞宗大学」と改称。
　　　　1925年、大学令による大学として認可、「駒
　　　　澤大学」と改称。

チーム紹介

部員数：58人
監督：　大八木弘明
コーチ：藤田敦史、佐藤信春、齋藤篤孝、石山豊和、
　　　　加藤剛史
戦績：　箱根駅伝総合優勝7回、全日本大学駅伝優
　　　　勝14回、出雲駅伝優勝3回（2021年11月15
　　　　日現在）
主なOB：中村匠吾（2021東京五輪マラソン代表）、村
　　　　山謙太（2015世界選手権北京大会1万m代
　　　　表）、宇賀地強（2013世界選手権モスクワ大
　　　　会1万m代表）、西田隆維（2001世界選手権
　　　　エドモントン大会マラソン代表）、藤田敦史
　　　　（元・男子マラソン日本記録保持者、1999＆
　　　　2001世界選手権セビリア＆エドモントン大
　　　　会マラソン代表）、阿部文明（1987世界選手
　　　　権ローマ大会代表）

あとがきにかえて

しっかり食べられる選手は強い

　レースでハイパフォーマンスを発揮したり、日々のハードな
トレーニングをこなしたりするために、エネルギー源となるの
が食事です。自動車が、ガソリンがないと走らないのと同じで、
人間が体を動かすためには食べることは欠かせません。

　また、食べて、トレーニングをして、十分に休養をとる──
当たり前のことですが、このサイクルがきっちりとできること
が、アスリートの体づくりには一番大事なことです。

　今まで27年間、いろんな選手を見てきましたが、しっかり食
べられる選手は、やはり強い選手でもありました。特にマラソ
ンやハーフマラソンなど長い距離のレースで結果を残している
選手は、内臓も強く、量もたくさん食べられる選手ばかりです。

　なかには線が細くて、あまり量を食べられない学生もいます
が、"時間をかけてゆっくりでもいいので一定量を食べればいい
から"と話をしています。また、不足している栄養分は、サプ
リメントなどを活用して、上手にとるようにしています。入学
したときにはちょっとしか食べられなくても、4年間をかけて、
ごはん茶碗に大盛り食べられるようになり、それに伴って、ハー
フマラソンなど長い距離のレースでも結果が出るようになった
という例は数多くあります。

　体重の管理も行っていますが、ベスト体重は、当然各々で違
いますし、トラック期とロード期でも異なります。トラックレー

スには少し絞りますが、駅伝などのロードレースには、やや体重を増やして臨みます。体重管理とひと口に言っても、減量ばかりではないのです。

　食べる量だけでなく、食べ方も大事です。せかせかと早く食べ終わる人は、しっかり消化されなかったり、栄養が吸収されなかったりしますし、性格的に長丁場のマラソンに向いていないといえるかもしれません。一方で、学生時代からマラソンで結果を出した藤田敦史（現・コーチ）や東京五輪マラソン代表の中村匠吾（現・富士通）などは、好き嫌いもなく、自分のペースで時間をかけて、出された食事をすべて食べていました。

　ありがたいことに、全国各地にいるOB、支援者、選手の親類らから、さまざまな差し入れをいただいています。旬の食材は栄養価が高いですし、その土地土地の特産品は何よりおいしい。食事はパフォーマンスを上げるために大事なものですが、同時に、選手たちにとって楽しみな時間でもあるのです。

　私は情熱を持って選手の指導に当たっていますが、妻も、私に負けないくらいの情熱家です。私が駒澤大のコーチに就任した当時は、1年生が食事当番でしたが、妻がその役割を担ってくれるようになりました。40歳を過ぎてから栄養士の資格をとって、栄養バランスを考えた献立を立て、食事を作ってくれています。妻には感謝しきれないほどに感謝しています。

駒澤大学陸上競技部
監督 **大八木弘明**

材料別INDEX

写真協力　駒澤大学陸上競技部、駒澤大学広報課

撮影　小山幸彦（STUH）、和田悟志、ベースボール・マガジン社
デザイン　吉村雄大
フードコーディネート・レシピ作成・料理　鎌手早苗
栄養計算・料理　後藤里帆
執筆協力　出口庸介、和田悟志
編集・取材　大久保朱夏

大八木京子　おおやぎ・きょうこ

駒澤大学陸上競技部・道環寮の寮母・栄養士・食育インストラクター。駒澤大学地理学科卒業。大学時代は陸上競技部のマネジャーを務める。1995年、大八木弘明氏のコーチ就任を機に、食事作りを始める。2009年、東京栄養食糧専門学校を卒業、栄養士免許を取得。監修に『駒大陸上部の勝負めし』（エイ出版社）がある。インスタグラム@komadaysで選手たちの様子を投稿。@komamesi826では寮ごはんの写真をアップしている。

駅伝ごはん（えきでん）
駒澤大学陸上競技部のスポーツ応援レシピ（こまざわだいがくりくじょうきょうぎぶ・おうえん）

2021年12月24日　第1版第1刷発行

著　者／大八木京子（おおやぎきょうこ）
発行人／池田哲雄
発行所／株式会社ベースボール・マガジン社
〒103-8482
東京都中央区日本橋浜町2-61-9　TIE浜町ビル
電話　03-5643-3930（販売部）
　　　03-5643-3885（出版部）
振替口座 00180-6-46620
https://www.bbm-japan.com/

印刷・製本／広研印刷株式会社
©Kyoko Oyagi 2021
Printed in Japan
ISBN978-4-583-11411-8　C2075

インスタグラムで
日々の寮ごはんを紹介